U0100503

大展好書　好書大展
品嘗好書　冠群可期

形意心意 系列 6

李復禎
心意六合拳

附DVD

權 成 著

大展出版社有限公司

山西常有心意六合拳祖師李復禎

（1855～1930年）

山西常有心意拳協會合影

程根科師父與弟子們練功照

作者練功照一

作者練功照二

5

常有心意六合拳述真

古萊山集賢賓馮志友教人國昌題

山西范國昌題字

陝西李中元題字

與李凱泰師弟練功照　　　　　作者練功照三

6

序

　　《李復禎心意六合拳》即將問世，師弟囑我說兩句，雖然我在武術界名不見經傳，此囑只是緣於我基本見證了此書孕育的全過程，故欣然接受，且以一片誠心說兩句實話，企盼為讀者做一嚮導耳。

　　師弟權成是山西李復禎（即常有師傅）心意門中的佼佼者，天資聰慧，悟性極高，勤奮上進，博學多才，文武全能，拜師於山西常有心意門第四代傳人程根科大師，並受其師兄們影響，技藝已登堂入室，漸入佳境。

　　權師弟勤學勤修，十分刻苦，十幾年來，武術筆記，積累幾十餘本，在有關刊物發表文章數十篇，而今技藝在手，資料充分，該作品成稿實乃水到渠成。

　　本書的完成也使師弟幾個夙願成真。首先是發揚光大常有心意門。師祖李復禎當年威震四方，後人也是門楣顯赫，至吾輩有責任傳承延

續。縱觀天下，假貨橫行，而我門之絕學卻明珠暗投，掩於黃沙，不發揚光大，傳承延續，光宗耀祖，有愧歷代祖師。

其次是有責任修正目前國人對傳統武術的認知、態度和習練方法。師弟每見同門、同好懷揣一個武俠夢，空有一顆習武心，但由於不得法，不入道，甚至有潛心苦練三四十載，仍在拳藝門外徘徊者，常常唏噓不已，頓生惻隱，企冀多有明人出世，廣有拳理出版，為中華武術界帶來勃勃生機。

三是企盼改變當今師徒教授中存在的不利於發展的時弊，其一，無真本事瞎忽悠；其二，自己所得是多年苦練中悟出，珍惜而不輕易授人；其三，有真東西也想傳人，但苦於自身水準受限，不能準確表達。

本書不是羅列資料，而是師弟在習武過程中的親身體悟，再將這種領悟和感受中不可言傳和不能言傳的道理用自己的理解使其變成通俗易懂的文字說給你聽，做給你看，解決了目前有些師父能做不會說的問題。不能把自己的切身感受用語言表達出來傳給徒弟，導致以其昏昏，使人昭昭，使中華國粹束之高閣，得道上身者寥寥。

此作問世或多或少能為中華瑰寶的傳承產生正能量，起到積極的作用。

　本作品從動意到成稿不到一年，師弟是在工作之餘完成的，大部分內容是親身體驗，也有博採眾長，從經典中領悟到的重點和核心。本作品圖文並茂，義理由淺入深，圖文顯而易解，可讀性和實用性相兼顧。全篇將正確的軟功練習、整體發力的奧妙、從深奧的拳理經典、細微的動作運行都做出了詳盡的解釋，是一本很好看、很實用的心（形）意拳文化讀物。

　　　　　　　　　　　　　張明忠

前　言

　　《李復禎心意六合拳》終於出版了，圓了歷代先師和師父、師兄弟們的心願。「常有師父」——李復禎（1855～1930年），是山西心（形）意拳的傑出代表，一生從事鏢運業，從風口浪尖、刀光血影上滾戰過來，與人動手無數，從無敗績，人送「技擊泰斗」「常勝將軍」；很多弟子都是祁縣、太谷、榆次等票號的少東家。

　　由於歷史和文化的原因，這一寶貴技藝一直停留在口傳、身授階段，很少有文字傳世。欣逢盛世，我輩有責任、有義務將這一武文化遺產整理、繼承，發揚光大。歷經多年辛苦磨礪，終於瓜熟蒂落。

　　這是一本彙集了歷代師輩和當今師父、師兄弟們集體智慧和汗水的結晶。希望這一碩果能造福社會，走向世界。

目　錄

13

第一章　拳　理

一、特點、要義

1. 全身放鬆，不用拙力，腰脊不可軟。避實擊虛，見縫插針，不與對手鬥力，而是鬥智、鬥巧。

2. 胯如磨盤（一般不動），腰如磨石（轉動），肘如推磨石的把。胯與腰反向，擰絷脊柱如擰麻花（圖1－1）。

3. 兩肘、兩膝相錯剪，能剪斷鋼筋，腿是合中剪刀步。守中、合中、用中。

4. 掌心力從腳掌印，一指霹靂萬人驚。把把是足掌勁，從下向上從肘、膝、膀、胯等射出，全憑心意含。

5. 兩膀後翻，墜絷如入地下十層。一動即有鑽翻勁。

6. 鬆膀墜肘，胸如懸磬，外開內閉，收下頜，頂頭懸，耳聽身後，眼觀六

圖1－1

路。要貫徹始終。

7. 胯與胯合，膝與肘合，下找上合，全身七張弓，把把如此。挺絜腰脊，反弓一粒精，關節處全是練反弓。

8. 肘當手，膝當腳，肘為接觸點，膝為接觸點，把把單重，鬆弛發力，無意之中是真藝。

9. 在「虛」「無」處下功夫，虛即是實，無即是有；如看畫，不僅看實處，更要看空白處，虛處才顯水準；以虛擊虛，神化之功。

10. 守中，合中，用中。中定決定一切。用手肘合自己中線（心）；用腿膝合自己中線（襠）。

11. 多看老子、莊子等書，文化與拳理、內功相通，領會其中精妙之處。

12. 伸懶腰勁是真勁，打拳、練功就是那個勁。

13. 打死不抬肘，只要肘不抬，就有機會贏；否則，一敗塗地。

14. 如雞打鬥，血流滿面，毫不退縮。練心意拳沒膽，就說明沒得真傳。

15. 重心在二、四點倒虛實，虛中有實，實中有虛，處處有虛實。練完，散功驢打滾，躺床上各個方向滾。

16. 每把擊敵反關節，身體拿人，勁氣拿人。

制敵虛弱、難受處。

17. 見血分身訓練法，練定力，敵方拳、肘到肉了，我才動，一擊必殺。內心平靜，泰山崩於前，猛虎嘯於後，面不改色心不慌。

18. 與敵打鬥，身體是線對敵，減少被擊打面，不可以面對敵。

19. 若能悟得嬰兒玩，打法真形是天成。

20. 用石頭（頭、膀、胯、身、膝、肘）砸雞蛋，而不能以卵（手、腳）擊石。

21. 真傳一張紙，假傳萬卷書。

22. 汽車撞人，不用招式，能量擊人。

23. 打人如割草，關鍵在身法、步法、腿法。

24. 一動就使敵失中，速度靠「心」到達。

25. 千狠萬狠，「鬆沉」根本。得其「一」而萬事畢。

26. 每把拳都是腳底湧泉翻起的勁，而不是兩手空劃拉。

27. 練時無人當有人，用時有人當無人。兩肘不離肋，兩手不離心，出手入手緊隨跟；你加快，我快加風，遇敵好似火燒身；拳打三下不是真，瞅見形影不為能，腳底好像搓地風。

二、三節說

三節即根節、中節、梢節。根節催，根節能動，高人一籌。中節不可空，中節為接觸點。根節為槍桿子，中節為槍尖、刀刃。梢節為槍纓、刀環。多在根節上下工夫，即下盤、腿、膝、下巴、胯、腰、膀、丹田、腕、腳跟。

1.三　盤

下盤為根節，中盤為中節，上盤為梢節。

2.兩　腳

腳跟為根節，腳掌為中節，腳趾為梢節。

3.兩　手

腕為根節，掌為中節，指為梢節。

4.中

丹田為根節，腹為中節，胸為梢節。

5.兩　臂

膀為根節，肘為中節，手為梢節。

6.兩　腿

胯為根節，膝為中節，腳為梢節。

7.頭　部

地閣（下頜）為根節，鼻為中節，天庭為梢節。

8. 整　體

腿、膝足為根節，身軀為中節，頭、臂、肘、手為梢節。

三、九　要

1. 紮

腰脊豎直下墜紮，收下頜，頂頭懸，上下抻拉。

2. 提

輕提穀道，如忍大便狀。

3. 頂

舌頂上、下牙根，頭頂天，兩手掌根頂勁。

4. 鬆

兩膀鬆沉墜紮，兩肩如兩匹馬拉，全身放鬆，肘尖不可抬，始終下紮墜扣。

5. 縮

兩胯、兩膀儘量縮勁，如螃蟹縮入洞。

6. 催

鬆肩墜肘，膀子往下沉紮墜，肩催腰，腰催胯，胯催膝，根節催。

7. 裹

兩肘合中向裡裹勁，膀根催動；兩膝合中向裡裹勁，胯根催動。

8. 扣

胸是內閉外開，空空洞洞，收下頷，通任脈。

9. 挺

挺也就是穿，起鑽落翻，是脊柱之起鑽（起鑽就是穿），落翻是打。

四、攻擊點

1. 眼睛；2. 耳門，耳根；3. 後腦（致命）；4. 腮部；5. 太陽穴（致命）；6. 咽喉（致命）；7. 頸大動脈（致命）；8. 心窩（致命）；9. 兩腋窩；10. 兩肋；11. 腰眼；12. 陰部（致命）；13. 尾巴骨；14. 胃部；15. 膝關節；16. 踝骨；17. 手指、腳趾；18. 頭髮；19. 脛骨。

眼睛為首要目標，打人必打眼，不打眼藝必淺。不可亂用，害人即害己，慎重！

五、妙手空空解

把自己當成無小臂之人，用膀催肘打五行拳、十二形等；把自己當成無兩腳之人，胯催膝，膝當腳用，肘當手用。騰出手腳，比別人多兩手、一腳。

六、虛實解

剛猛之膀、肘中有蓄勁，留餘地，如石頭中有空虛；虛手中有實勁，綿裡藏針，對方以為虛，實是有剛勁藏，突然襲擊，冷不防。如太極陰陽魚圖，實中有虛，虛中有實，虛實變換。虛虛實實神會中，實虛虛實周身功。練拳不諳虛實理，枉費功夫空勞形。虛守實攻變中竅，中實不發藝不精。虛守自有實虛在，虛實實虛攻不空。

七、雙重解

左膀實，左肘虛靈，右肘有勁，正確；右膀實，右手虛靈，左肘有勁，正確。左膀實，左肘有勁，為雙重；右膀實，右肘有勁，為雙重。左膀虛，左肘虛，雙虛為病。如破雙重，必要六合，下找上合，膀找膀合，膝找肘合。

八、常有師祖武功特點

1.功把大

基本功紮實：非常重視軟功，可與雜技團比拼，激發出潛能。每把根節催動，根子發力，是整體勁，身勁靠人山也愁。

23

2.速度快

走近道，是截打，冷不防，後手、後腿藏，突然襲擊，拳打不知。

3.落點刁毒

打要害，打敵難受處，打四兩虛弱處；你打你的，我打我的，敢互換，我損失小，敵吃大虧。所謂「見血分身」。

九、返身訓練

肩在手前，手在腦後。常有心意六合拳身法秘訣關鍵是返身，兩膝相摩，剪子步，一腿下紮，另一腿踩出，胯為軸，後插步，轉身剪子步又打，可打五行拳、十二形、狸貓倒上樹等，如猛虎關籠子裡，虎在籠中散步，靈妙在其中。

十、鬆透勁

懈又懈來鬆又鬆，吾氣未動似病翁，忽然一聲春雷動，千軍萬馬把陣衝。放鬆是為了發力。鬆得透才能發得盡。吾門是鬆弛發力，以虛擊虛。

十一、穿透勁

每把拳，意將敵打穿、擊透，不可一擊即回。

練時要不留餘地的把把如刀穿通，所謂絕勁；用時用八分，留二分。

十二、二四區域發勁，妙勁產生

身子中正，收下頜，頂頭懸；在二、四點區域下紮發勁，能產生奇妙的能量，要注意運用。兩腳一站三體式，前腳為1點，後腳為5點，兩腳中點為3點，1和3之間為2點，是區域；3和5之間是4點，也是區域。

十三、門　規

常有心意六合拳是中華武術的寶貴財富，又是心意拳之珍品，至今後輩子弟仍對常有師祖之精湛武技津津樂道，景仰不已。習武是為了強身健體，路見不平一聲吼，該出手時就出手，作為常有心意六合拳弟子，特制定以下規矩，請堅持執行。

1. 遵守國家法律，與時俱進，求真務實，大力發揚本門藝術，造福社會，實現中國夢。

2. 習武先修德，保持口德、手德，樹立良好之武風、高尚之武德，拳拳服膺。

3. 師兄弟們團結友愛，互敬互讓，取長補短，謹言慎行，不保守，不私密，精益求精，更上一層

樓。

4. 尊敬師長，珍惜拳藝，在根子上下工夫，不追求虛無縹緲，要真學實作，要當特戰隊員。

5. 精心鑽研，繼承優良傳統（亂而取之，猛而攻之，刻苦練功，珍愛拳藝）保持先輩之原汁原味，為弘揚非物質文化遺產做貢獻。

十四、技擊法則

心意六合拳，意自心生，拳隨意發，神意不同處，六合是上天下地，東西南北，四方向合之為「天地六合」。

拳尚中氣，「氣沉丹田真氣潤身」，真氣流動，百病不生；以中氣的獲得為根本，以運用中氣為宗旨。身體中正，不偏不倚，膽大如虎，謹慎如狐，以肘當拳，一肘變三肘；以膝當足，一膝變三膝。面善心惡，存心要狠毒；靜似山岳，動如雷發；打法定要先進身，膝肘齊到人飛騰，中定決定一切。柔行氣，剛落點，落點堅硬如石，才是真功夫。

上打咽喉，下切陰，左右兩肋虎掏心，攻敵要害虛弱之處；打前要顧後，前手起，後手緊追，好漢也怕緊三手，起前腿，後腿緊跟，追風趕月不放

鬆，打倒還嫌慢；身如靈蛇，擊首則尾應，擊尾則首應，擊中則首尾皆應；蛇咬一口，入骨三分；面前來手不見手，胸前來肘不見肘；擊敵主幹，不封不閉，不招不架，守中、合中、用中，照敵要害、虛弱處下手，處處是冷手，偷襲手，陰陽手。

內動一寸，外動一尺，肘後一尺，天下無敵。

步要過人，意要襲人，步是合中剪刀步，腳底好似搓地風。占敵位，拔敵根，如迅雷閃電擊穿透。

打人先打眼，不打眼藝必淺，亂敵心神，讓敵不可能勝我；一藝精，勝百藝通；打得對方旋起來，兩胯陰陽互變，蓄勁於根節，進步鬆弛發力，一擊必中；挺桼腰脊，胯貼胯，臀擊臀，是力頭打力尾，如太極陰陽魚之頭追尾，順隨二字盡矣！兩手不離心，兩肘不離肋，出身入身緊隨根；若能悟得嬰兒玩，打法真藝是天成。

十五、對練綜合精品套路
—劈五行拳譜

對練的目的，是練熟為能，練手、眼、身、法、步，練速度，不是爭輸贏，論高低。以腰、胯、身、步子為主，手只是關門，墜肘即可。進攻

方要打透，守方要把勁瀉盡。把把身子正中，輕鬆自然，如拉大鋸。順隨勁，勁氣穿透骨髓。

1. 無極式。

2. 關公捋鬚。

3. 裏肘。

4. 十字披紅。

5. 金雞食米刺目肘。

6. 攻方：上步劈肘拳；守方：撤步倒劈肘拳。

7. 攻方：寸步裏左肘右鑽肘捶；守方：右鑽肘。

8. 攻方：擰身上步左崩肘捶擊對方右肋；守方：原地右肘下紮拉回肘窩，不出尖。左肘合中舔心掌。

9. 攻方：撤步攪肘上步右劈拳；守方：寸左步，左肘豎直頂擊穿對方肋骨，右肘崩肘捶擊穿對方心口後一尺；收下頜，頂頭懸；左膝與右肘合。

10. 攻方：右肘合中下紮拉回肘窩，左龍形；左肘斜下45度擊穿尾閭；守方：左肘下紮，挺腰脊右肘合中向前穿心而過。收下頜，頂頭懸。

11. 攻方：一馬三箭穿心；守方：合中托擊對方肘窩。實戰時顛捶擊斷。

12. 攻方：左鑽肘捶；守方：左鑽肘捶。

13. 防守方變進攻方，同理，到左鑽肘捶時，翻膀向上45度捧擊對方雙眼，驚亂對方。立腿胯下榦撑。右膝合中頂抬膝再甩胯彈對方襠。擊穿。守方：後撤步用兩肘下擊穿、砸碎。

14. 攻方：彈襠腿下踩對方腳面，轉身身擠左膀虎尾鞭擊對方太陽穴，脖頸，緊跟右崩肘一馬三箭；守方：後撤大步拓肘窩接左鑽肘捶。

15. 關公捋鬚。

16. 敲三下丹田，靜一會，數60下，全身拍打。散步，遛腿。

十六、練功注意事項

注意事項一：

1. **不可努氣、拙力、挺胸收腹**。努氣就是憋氣，易傷肺，如有針榦疼；拙力是僵力，不是整勁；挺胸收腹是氣憋在胸部，不能下到丹田，上重下輕，兩腳不穩而無根。

2. **避風如避箭**。不可在風口、有賊風的地方練功。

3. **注重起勢和收功**。起勢要讓氣通暢，腳底發熱，練功才有效果；收功是練完後全身抓捏拍打，散步遛腿，將煉得「真氣」存於丹田（倉庫）；否

則，是有種無收瞎忙活。

4. **調節飲食，勿吸菸，貪酒、色**。注重營養平衡，葷素搭配，切忌暴飲暴食。不吸菸，少飲酒，少近色。

5. **注重練功環境**。在優美、安靜，有水，有陽光的地方練功，心情愉快，長功也快。

注意事項二：心意六合拳十忌

1. 歪頭縮項，俯仰皆病。

2. 張口呼吸，雙目無神。

3. 挺胸提腹，努氣拙力。

4. 左側右倚，駝背腰弓。

5. 拳頭死握，變化不靈。

6. 肛門不收，毀丹傷精。

7. 直臂出拳，雙肩高聳。

8. 腹胸暴露，兩肋留空。

9. 突臀挺胯，撇膝露襠。

10. 仰脖露喉，不顧性命。

第二章

軟功（基本功）全身十一處練法

基本功

　　每天早上起來，面向東方，先將胸腹中一夜之「廢氣」，張大口向外吐出，越細越長為佳，吐三口，做到全身吐空為好。意念是將自己體內濁氣吐淨，再鼻吸入新鮮空氣。

起　式

　　萬事開頭難，好的起式，是成功的一半。重心落於左胯，兩臂如吸氣吸起，高與肩平；呼氣時，重心落於右胯，如仙鶴起舞，慢勻細長，兩三次後兩腳底發熱，氣通了，再向下進行，否則白練。每把如此，不可輕視（圖2－1）。

圖2－1

一、頭

頭是六陽之首，是人的司令部，支配全身運動。收下頜，頂頭懸；不知頂頭懸，白練三十年。頭打如青羊撞樹，冷不防，是要命招。如公雞打鬥時昂頭；如獵豹、獅子搜尋獵物時，頭領起，體現出一種精氣神。頭不可妄動，大腦要保持冷靜，有頂天立地之英雄氣概。

1. **轉脖筋**。馬步站立，與肩同寬，頭向後翻，如坐井觀天，耗一會，再閉目，頭自左向右旋轉12次，再由右向左旋轉12次，儘量向後轉圈大些（反弓），輕鬆自然，不可用力（圖2－2～圖2－8）。能預防頸椎病的發生。

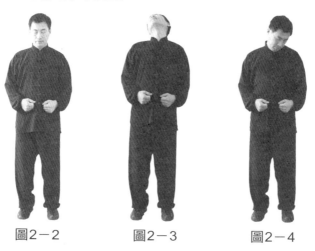

圖2－2　　　　圖2－3　　　　圖2－4

2. 以兩手搓、拍打太陽穴，增強太陽穴的抗擊打能力，並能醒腦提神（圖2－9、圖2－10）。

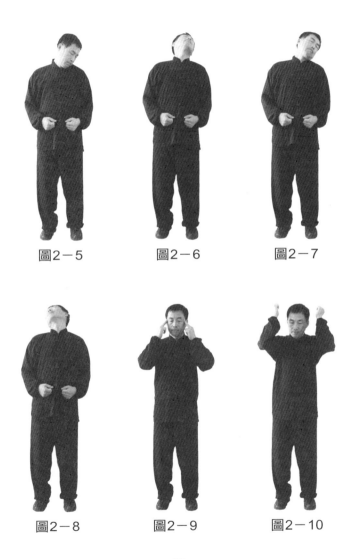

圖2－5　　　　圖2－6　　　　圖2－7

圖2－8　　　　圖2－9　　　　圖2－10

3. 抱頭垂直扭腰，頭與肩反向擰，練頸部力量和韌勁，使脖頸有力量，否則對方一摟頭即前撲，如摔跤中之變臉（圖2－11～圖2－13）。

頭為周身之主，頭進則全身進，神態自然，下頷裡收，下頷是根節。式式有熊形。頭打起意占中央，膝肘齊到人飛騰。

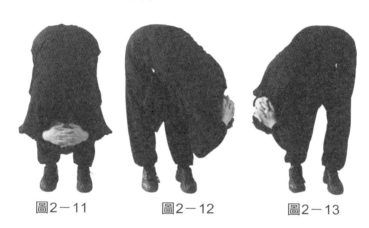

圖2－11　　　　　圖2－12　　　　　圖2－13

二、膀

人體重要兩大塊，須鬆開，如沉入地下十層，不可抬肩，否則，肺乍起，氣上浮，根底飄，這是大忌！後面之琵琶骨，鬆活下沉絷。本門武術是督脈功，以後脊之動為主，如熊膀，熊無肩，練得肩沒了才對，打擊時才能得心應手，才能合道。

1. 甩膀子

左三體式步站立，後膝墜紮地，離地一拳頭，後腳不離地，後胯垂直下紮地，後腿能靈活起動為好。身法中正，左腳在前，則左手掌護心，左肘下垂，肱二頭肌貼肋，不可有縫隙。頂頭懸，兩眼平視前方，耳聽身後。右膀上貼耳、下擦胯，向前、向上向後畫圈，甩膀如車輪狀；左肘始終扣紮墜，不可抬，如自由落體，如開天闢地（意），不可拿勁，切記。氣向下沉，心態平和，根節催動，目視前方，由前向後甩12次，由後再向前甩12次，穩住心神，不緊不慢。胯催兩腳碾地轉身，變右掌護心，右肘垂紮墜，甩左膀子，同上。

再碾腳轉身變左腳在前，身子中正，腰脊下紮，雙膀根催動，向上直插，向相反方向甩，臂不可彎，膀根催伸直。心平氣和，腳底不動，前後轉12次，關公捋鬚，敲三下丹田，收式。

【要點】

身子不動，意注肘墜紮，要上貼耳下擦胯，是立圓，無意練了三體勢。膀子鬆活，練沒了膀子才對。此練法能治多年的肩周炎。有位70多歲的武術愛好者，透過練甩膀子，治好了困擾近30年的肩周炎，對甩膀子推崇備至（圖2－14～圖2－22）。

2.耗膀子

馬步站立，與肩同寬，兩膀根橫向伸，根節催，手腕塌翻。收下頜，如兩匹馬拉，耗60秒，可各個方向做。

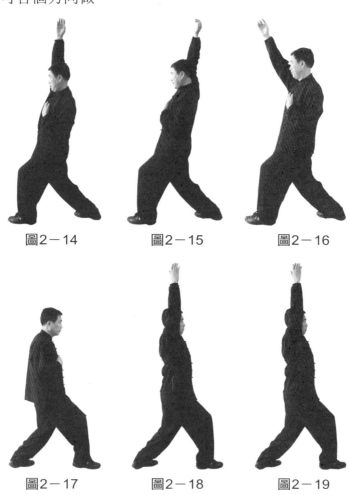

圖2－14　　　　圖2－15　　　　圖2－16

圖2－17　　　　圖2－18　　　　圖2－19

圖2－20　　　　　圖2－21　　　　　圖2－22

【要點】

兩膀如兩匹馬拉，頭不動，耗為主，與甩膀配合，是通臂、開膀之秘法（圖2－23）。

3. 別　肩

兩腳開步站立，與肩同寬。右臂由胸前向左平伸，肘尖朝外，左臂屈肘勾住右臂肘尖向左施力搬別，右臂不用力，保持平直鬆墜。左胯向右擰，頭右扭，耗60

圖2－23

秒，左右相同（圖2－24、圖2－25）。

【要點】

左肘當手用，頭與膀反向掙力，左胯右擰。

4.頭後拉膀

馬步站立，與肩同寬，一臂向上屈肘於頭後，另一手抓手腕下拉之，力量由小到大，被拉之臂根放鬆，頭不動，耗60秒。左右都練（圖2－26、圖2－27）。

【要點】

頭與膀反向掙力，耗一會兒。

5.仆步壓肩

重心落左腿下紮，平仆之腿伸直，腳跟觸地，放鬆肩膀，不可用力過猛，膀觸地。上起時挺腰抬

圖2－24　　圖2－25　　圖2－26　　圖2－27

頭。左右都做，每組九次（圖2－28、圖2－29）。

6.蕩　肩

如仙鶴催動翅膀，欲飛騰起，膀子下紮，身體下坐，自然擺蕩，放鬆兩膀。有靠、彈、擠、撞、頂、下紮等勁氣（圖2－30、圖2－31）。

【要點】

膀根催動。

圖2－28　　　　　　　　圖2－29

圖2－30　　　　　　　　圖2－31

7.前抱後抽

弓步站立，兩手交叉甩打在肩胛骨處，兩臂反彈而回，向身後平擺，儘量直臂，挺膀根，使兩手背相碰擊。身體自然放鬆，脊柱下紮撐（圖2－32～圖2－35）。

【要點】

胸背之開合，前合後開，前開後合，練膀根。放鬆做，可耗一會兒。

8.烏龍擺尾

兩腳不動，脊柱螺旋下紮撐。兩手臂放鬆，在身前後甩擺，右掌擊左耳，左掌擊右後肩胛骨，左式同右（圖2－36、圖2－37）。

肩打一陰返一陽，兩手只在暗處藏，左右全憑

圖2－32　　　　圖2－33　　　　圖2－34

圖2－35　　　　　　圖2－36　　　　　　圖2－37

蓋勢取，束展二字一命亡。

【要點】

收下頜，頂頭懸，腰脊下紮，倒兩胯，有甩蕩勁，也是用點。

三、肘

肘是上臂中節，中節不可空，以鬆墜為主，寧挨十拳，不挨一肘；兩肘不離肋，兩手不離懷。近使肘，遠使手，以神速為貴，以半步為妙，是身子催的力量，肘過如刀，打死不抬肘。著名的有回回十八肘，藝中之珍品。

1.劈　肘

左三體勢，左肘鬆墜紮，右膀鬆，右肘合中向

41

對方面部劈擊，右肘墜紮拉，左肘當手合中撲出，肘為接觸點，手是空的。每組九次。

【要點】

身不可前栽，收下頜，頂頭懸，耳聽身後。肘為接觸點，不可抬肩。有將敵劈為兩段之意。後腿隨時可攻擊（圖2－38～圖2－40）。

2.裹　肘

左三體勢，左肘墜紮，右肘在胸前45度裹擊，肘內側為接觸點，肘墜不可抬，左胯右擰。右肘墜紮拉，左肘合中向前45度裹擊，左肘內側為接觸點，右拳護心。每組九次（圖2－41～圖2－43）。

【要點】

顧即是打，裹敵根節，敵一失中，緊跟追風趕

圖2－38

圖2－39

圖2-40　　　　　　　圖2-41

圖2-42　　　　　　　圖2-43

月奔一腿。

3.掃　肘

左三體勢，左肘墜紮，右肘斜45度掃擊對方太陽穴、耳門，力要穿透，右肘尖墜紮。步子是拗

43

圖2－44

步，左膝與右肘合，左胯向右
擰，左肘下護，準備偷襲，身
子中正，頭與右膀反向擰，襠
勁下塌。右肘墜紮拉，左肘當
手合中撲出。左式同右，每組
九次，反覆練習（圖2－44～
圖2－46）。

【要點】

肘墜不可抬，胯與腰反向
擰，後手護心，後腿能隨時攻擊。

4.砸　肘

左三體勢，根節催，墜紮脊柱，脊柱發力，
如砸焦炭，勁氣入地三尺，破對方膝、腿等，肘

圖2－45

圖2－46

合自己中線，手腕要鬆，勁才能到肘尖上。撐成右三體勢，同右式，每組九次（圖2－47～圖2－49）。

圖2－47　　　　圖2－48　　　　圖2－49

【要點】

肘尖下紮到對方腳底，砸塌擊穿。收下頜。

5.跌　肘

馬步站立，與肩同寬。左肘下紮拉，脊柱後一尺下紮，右肘尖合自己中線，向前下45度紮翻；右掌摸耳；右肘下紮拉，左肘內側合自己中線，向前下45度紮翻、紮透。一打三下，如金雞三抖翎。右肘護心，頭正身豎胯坐。每組九次（圖2－50～圖2－53）。

圖2－50　　　圖2－51　　　圖2－52　　　圖2－53

【要點】

跌肘有下紮上翻勁，兩膀鬆，收下頜，收肛，頂頭懸，耳聽身後。肘不可抬，兩肘相錯剪。形短意長，勿輕視。

6.後搗肘

馬步站立，與肩同寬。一肘合中下紮墜前撲，另一肘後擊，如匕首穿透。每組九次（圖2－54、圖2－55）。

7.黑熊擺肘

左三體勢，身子中正，拗步，左膝與右肘合，左胯右擰，左胯墜紮。鬆膀，右肘合中擺擊，有穿透意，收下頜，頭與膀擰勁，左肘後藏。眼看前方，擰成右三體勢，同右式，每組九次。

圖2－54　　　　　圖2－55

【要點】

有憨熊將樹擊斷之意，無所畏懼。肘不可抬，膝與肘合。

8.墜紮肘

做太極陰陽魚纏絲勁。

【要點】

收下頜，頂頭懸，肘不可抬。鬆練，不拿勁，兩腳底如吸地。按太極陰陽魚纏絲圖轉。

9.格鬥式

三體勢步，前虛後實，重心在後腳腳踝下前點。收下頜，頂頭懸。訓練肘墜紮，肘始終不可抬，放鬆，不拿勁，頭頂胯坐。重心在二四點倒（圖2－56～圖2－58）。

圖2－56　　　　圖2－57　　　　圖2－58

10.單肘墜紮繞8字

一手托肘尖，另一肘墜紮扣，鬆膀，不拿勁。

【要點】

肘鬆墜，不可抬起，對鬆肩墜肘有大好處（圖2－59、2－60）。

四、手　腕

上法以手進為妙，要想手活，須腕活；腕活，指關節才能靈活，手指才有力道，才能力透梢節。腕為手之根節。

1.美人洗手式

練兩掌，手掌搓力，不可用猛勁，如美人洗手。腰脊下紮發力，腳底有翻上的勁，兩胯紮，倒

虛實（圖2-61）。

2.左右搖腕

大拇指旋翻，墜肘，如撥浪鼓（圖2-62、圖
2-63）。

圖2-59　　　　　圖2-60　　　　　圖2-61

圖2-62　　　　　圖2-63

圖2-64

【要點】

肘豎,不可抬肘。

3.猴形手(悟空手)

兩手互相碰打,互相搓摩,兩肘內側碰擊。手如處女之手,不容對方觸摸;是胸背之開合。手勁須有身勁催動才有威力。手是兩扇門,要起到封閉作用,前手進,後手緊追,學會緊三手,天下一路走;力由脊發,氣貫肘尖,妙手空空也。起手意在擊敵背後一尺,氣勢好似虎撲羊,雲蔽日月是妙手也(圖2-64)。

五、胸

胸是人體重要之部位,實戰中更要注意保護。兩手不離懷,神仙進不來;鬆空如西山懸磬,前心貼後背,外開內閉,如石拱橋般堅固;虛心體自鬆,胸有吞吐,胸擊敵,出奇制勝。胸是一拳。胸不可正面對敵,要打敵側方。

六、背

背是督脈,屬陽,背脊宜常暖。脊柱的訓練很重要,立木頂千斤,中正穩固,如軸旋轉,脊柱是

鞭杆子。

1.虎伸懶腰

並步站立，兩腳趾鬆抓地，兩膝倒彎子，臀部向後坐，腰脊下塌，反弓。頭、下頜向前伸，耗60秒，再如拋物線悠蕩起來，是心意拳真勁（圖2－65、圖2－66）。

圖2－65　　　　　　圖2－66

【要點】

腳不動，膝倒彎子，拉抻脊柱，鬆膀墜肘。

2.虎　撲

練脊柱之縮展，脊柱裡也撲，兩肘為接觸點，兩肘分虛實（圖2－67）。

圖2－67

3.腰脊下紮

如牌位，把把意注後背下紮發力，時刻有此意。

4.蛇　形

練脊柱之縮展，兩胯掙力，後背下紮撐（圖2－68右面、圖2－68左面）。

【要點】

挺紮腰脊，兩胯掙力，兩肘掙力，收下頜。

5.反　弓

躺床上用腳跟和肘或頭部支撐，挺腰如拱橋，練反弓一粒精，耗60秒（圖2－69）。

6.背與胸之開合訓練

馬步站立，前開後合，前合後開，脊柱如合頁的軸。開門引進來，關門打出去。鬆柔地練。

圖2－68右面　　　圖2－68左面

圖2－69

7.蹲　　腿

並步站立，脊柱中正下落，練脊柱之伸縮，起時挺胯，勁紮腳前掌湧泉穴。多練，極重要（圖2－70、圖2－71）。

【要點】

收下頜，頂頭懸，耳聽身後，內心寧靜。身不可前爬、撅屁股，要直起直落。訓練脊柱之伸縮。

8.吸身訓練

身後縮內含，吸身才能練出「氣貼背」的功夫。放鬆做，胯如軸轉，自身根不丟。

圖2－70

圖2－71

七、腰

腰脊很重要，練拳不練腰，終究藝不高。腰如磨盤上的碾子，要轉動。腰如車軸，左右擰轉，前後變翻。腰不可擺動，腰與胯的方向相反，將脊柱擰成麻花狀才有力量。

1.裹肘擰腰

左三體勢，左肘墜柒，右肘合中向前斜45度裏擠，左胯右擰柒，左手護心。收下頜，頂頭懸，耗一會，眼看前方。勁從腳底翻上。右邊同理。每組九次（圖2－72～圖2－74）。

2.揉　腰

並步，兩腳內側夾緊。兩手背後，身子中正向

圖2－72　　　　圖2－73　　　　圖2－74

下撙紮，順時針36次，逆時針36次，腳底發熱、發燙為好，兩腳不可動，向前畫圈大些，反弓勁。此為養生之妙法（圖2－75、圖2－76）。

3.探　腰

並步，膝倒彎子。兩膀下墜，肘觸地。頭微抬，臀部後坐，耗60秒。兩腳趾鬆抓地，不可動（圖2－77、圖2－78）。

【要點】

下頜向前，尾骨向後抻拉。對拉拔長，鬆膀墜肘。

圖2－75　　　　圖2－76

圖2－77　　　　圖2－78

4.貫耳捶

左三體勢，左肘墜紮，拗步，左膝與右肘合，右肘當手貫耳，右肘內側為接觸點，左肘當手合中撲出。左胯與右肩合，體會腰紮擰勁，擺的肘與心平。收下頜，頂頭懸，眼看前方。肘內側為接觸點，擰身碾步成右三體勢，打左貫耳。與右同理，每組九次（圖2－79～圖2－81）。

5.八卦單換膀

轉腰，胯反向擰，擰270度，耗，兩膀如兩匹馬拉，頭與肩反向掙力，耗一會。

【要點】

兩腳不動，胯與腰反向擰，兩肘下紮墜，兩膀掙力，頭頂身豎，擰270度，耗功為主（圖2－

圖2－79　　　　圖2－80　　　　圖2－81

82、圖2－83）。

6.龍折身

打龍形崩肘捶或懶龍臥道，腰脊豎直榖，頭不可前栽（圖2－84、圖2－85）。

圖2－82　　　　　　　　圖2－83

圖2－84　　　　　　　　圖2－85

7.脊柱展縮式

左三體勢，前撲、後挺脊柱，兩腳紮地不動（圖2－86～圖2－88）。

【要點】

練脊柱之前後彈勁。鬆柔做，不拿勁。

8.鎖胯擰熊腰

馬步站立，與肩同寬，左胯下紮向右前擰，腰向左前45度擰，脊柱如擰麻花。兩膀鬆，兩肘墜。頭不動，體會身體發勁（圖2－89～圖2－92）。

【要點】

胯鎖不動，體會身體下紮擰。襠勁始終下塌。

9.跌　腰

並步站立，整體向前撲，再整體挺起，恢復原

圖2－86　　　　圖2－87　　　　圖2－88

狀，兩腳不可動。收下頜，下撲時頭微抬，不可
低頭。慢些做，3～5次即可。也可向身前45度撲
（圖2－93～圖2－95）。

圖2－89　　　　　圖2－90　　　　　圖2－91

圖2－92　　　圖2－93　　　圖2－94　　　圖2－95

【要點】

腰如折疊，勁在兩腳底前後陰陽變。年齡大或有高血壓患者勿做，做不正確，頭部充血，切記！

八、胯

胯是下三節之根節，胯與腰要反向動作。胯如磨盤，腰如磨石（轉動），肘如推磨的把。沒有胯的虛實轉換，發勁就不脆。胯關節靈活，可輕鬆將對方之力化解，引進落空，所謂胯化。胯的開合極重要，兩胯要平，尾閭下垂胯自開，襠開一線可也。

1.躺床上，如嬰兒睡覺，兩胯橫開，腳心並住，耗60秒。練完後，要散步、拍打、蹓腿（圖2－96）。

2.三體式

轉胯，兩腳摽地不動，左36次，右36次，腳如吸盤吸地，有妙處（圖2－97）。

3.8字轉胯

馬步，身子中正，以一胯為軸轉8字，上身不動為好。

4.虎掀胯

馬步站立，兩腳碾轉，兩胯倒陰陽，腰下紮不

動，兩胯虛實下切變化。收下頷，身子中正。鷂子
翻身變化靈（圖2－98～圖2－100）。

圖2－96　　　　　圖2－97　　　　圖2－98

圖2－99　　　　　　圖2－100

5.練大腿根之韌性

左腿立槷，右腿擔樹上，鬆膝，右肘墜槷，身子中正下槷，練大腿根筋之彈性，脊柱整體下槷撐向樹撲，有穿透意（圖2－101～圖2－103）。

6.金雞獨立提落胯

一腿獨立下槷撐，另一腿合中提胯，前後左右鬆落。身體中正不動（圖2－104、圖2－105）。

7.腿　法

是胯根發力，用腿必合中，提膝旋腿，膝為接觸點，中節不可空。

8.劈叉開胯

左右撐，頭向後找腳。耗一會，慢些做，不可急躁；否則，傷筋動骨一百天（圖2－106）。

圖2－101　　　　　　　　圖2－102

9.胯過椅子背

　　立腿胯鬆下紮，另一腿提膝過椅子背，意注立腿，忘了過椅子的腿，勿輕視；應敵胯打左右使，兩足變換須暗藏。

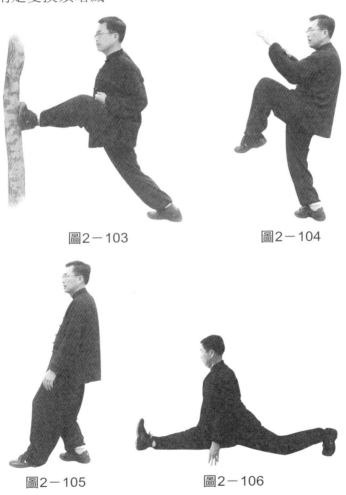

圖2－103　　　　　　　　　圖2－104

圖2－105　　　　　　　　　圖2－106

九、膝

膝是下三節之中節，中節不明，全身是空，膝打可借胯打之力，輕鬆將對方擊出。人老腿先老，膝關節要保護好。

1.揉　膝

並步站立，兩膝併。兩手外側推擠，各個方向轉，身子與膝轉的方向相反。頭平視前方，也是用點（圖2－107～圖2－113）。

2.抬頂膝

左三體式，立腿胯下紮撐，另一腿鬆胯合中頂抬膝，有穿透力，兩胯掙力。每組九次，左右都做；胯根有勁，兩胯掙力，能將褲襠扯斷（圖2－

圖2－107　　　　圖2－108　　　　圖2－109

114、圖2－115）。

3.塌　膝

三體式，後腿膝下墜，後胯下紮，離地一拳頭，後腳掌不可抬，逼胯。耗一會，擰身做另一面。能開踝關節。

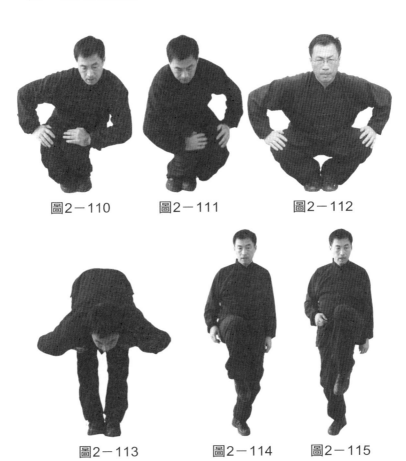

圖2－110　　　圖2－111　　　圖2－112

圖2－113　　　圖2－114　　　圖2－115

4.刺　膝

左三體式，立腿胯下紮撐，另一膝合中向前下刺，如刺刀刺穿物。輕鬆不拿勁。上面兩肘護胸（圖2－116）。

5.摟頸抬膝

左三體式，兩肘當手，抓對方頭或頭髮（騰出兩手）下紮拉。立腿胯下撐紮，猛抬另一膝合中上穿透，用膝必進身為妙。兩胯掙力（圖2－117、圖2－118）。

6.膝的崩切勁

膝的內側如鐮刀，胯催，切穿透對方膝彎處，將敵兩腿捆一起。

圖2－116　　　　圖2－117　　　　圖2－118

7.腿　法

所有腿法是合中頂抬膝再彈蹬出，膝為接觸點，中節不可空，要騰出腳。兩手遮目繞上中，猛抬一膝命歸陰，提膝上穿致命處，下傷兩足不留情，起落都打。

十、腿

練拳不練腿，如同冒失鬼。手打三分，腿打七分。要想踢得狠，立腿須站穩，意注立腿下紮，不可想踢的腿；收下頜，兩手背後。須在腿上下大工夫。以暗腿、藏腿吃敵。

1.正　踢（寸踢）

並步站立，左胯下紮撐。兩手背後或下墜，右膝合中（蹬右腳跟，翻右腳尖）向前向上向回勾踢，目標是自己的下頜，右膝倒彎子。頭不可動，收下頜，頂頭懸，兩眼平視前方。輕出重收，回落原位時勁大些。落地無聲響，如貓走路，一組踢九次，同理換左腿踢（圖2－119～圖2－122）。

圖2－119

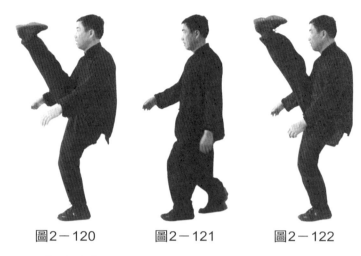

圖2－120　　　　圖2－121　　　　圖2－122

【要點】

意注立腿胯下紮撐，踢的腿膝倒彎子，從下向上翻，踢的腿膝合中摩擠而出，收腳尖，蹬腳後跟。頭、身子紋絲不動。不用僵勁、笨力，要輕鬆愉快，如嬰兒玩耍。以下同理，不再贅述。

2. 裡　合

道理同正踢腿，只是正踢到面部，再貼面向另一側下甩紮。意注立腿胯下紮，身體紋絲不動。

【要點】

膝貼身再橫甩。

3. 外　擺

同裡合腿，只是用膝向外甩紮，回落勁大些，但落地無聲，兩胯掙力，身體不動。一組九次，再

換另一腿做。

【要點】

膝貼身再橫甩。

4.後蹬腿

並步站立，左胯下紮擰，兩膀向斜上45度伸；同時，右胯根催動右腳後斜下蹬，胯根咯噔響。耳聽身後。同理，換左腿後蹬。

5.三截腿

並步站立，左胯下紮擰，兩手背後下紮墜，右膝當腳向左腿前下踩蹬，再向左腿右下方鑹蹬，不停再合中撩擊，寬不超過自己的肩寬，高不過膝，胯根催動，啪啪響。左式同右。

6.舔　　腿

並步站立，左胯下紮擰，兩膀向後翻，向對方面門彈擊；同時，右膝合中頂抬膝，翻胯，膝當腳蹬彈敵心口或襠等（圖2－123）。

【要點】

雙膀後翻下彈擊，是槓桿力。敵自己手回打

圖2－123

69

自己臉，敵一驚亂，下面蹬擊。下落也踩踏，不可空。腿如從口出，左式同右。

7.猴形腿

左三體勢，左擰腰，左胯反向擰，左肘墜紮拉，右肘合中按擠帶；同時，合中頂抬右膝再翻胯向前蹬擊，腳跟出勁，身正，不可晃，意注左立腿如參天大樹。眼看前方。左式同右（圖2－124、圖2－125）。

【要點】

胯與腰反向擰，意注立腿胯下紮擰，兩手一帶，讓敵失中，身中正進。肘不可抬，兩手分陰陽。

8.沉磨腿

左三體勢，左腿下紮擰，兩肘斜下45度下紮拉

圖2－124　　　　　　圖2－125

帶；同時，右膝合中向左腿前45度蹭腿，腳跟用勁；接著右腿回原位後擊，右胯催動，兩胯掙力。同時，墜紮左肘，右肘合中向身前45度裏肘，左手護心，備用。左式同右（圖2－126、圖2－127）。

【要點】

身體中正，意注左胯下紮擰，兩肘墜紮拉，分虛實，右腿合中蹭踩敵脛骨或膝彎空處，敵一躲失中，我左胯紮穩，右胯後沉磨搓地，兩胯陽陽變，右肘內側如刀鎖喉裏肘。

9.二踢腿

左三體勢，左肘下紮拉，右胯鬆右肘合中向斜上45度穿刺。同時，紮右胯，頂抬左膝穿刺，不停彈踢右膝，二踢腳踢破天，向高踢穿，練彈跳力，

圖2－126　　　　　　　圖2－127

開胯之法。勿以為心意拳沒有二踢腳，武術是相通的。兩手刺目、喉；左右都練，每組九個（圖2－128～圖2－130）。

10.掛耳腿

要領同正踢腿，腳斜往耳上踢，意注立腿胯下紮擰，兩臂背後。收下頜，頭不動。每組九次。

11.雞腿撲彈

左三體勢，翻胯兩肘交叉向前彈擊。同時，左腿胯下紮擰，右膝合中頂抬膝再翻右胯，蹬踩敵脛骨或襠，落步下紮踩，一馬三箭。左式同右，一組九個。收下頜，頂頭懸，耳聽身後（圖2－131）。

12.後旭蹶子腿

左三體勢，左胯下紮擰，勁紮二點區域，右腿

圖2－128　　　　圖2－129　　　　圖2－130

後勾踢，腳後跟出勁，下落不空，如鎬頭尖下紮。
左右同練，一組九個。如非洲草原上斑馬後踢碎獅
子頭顱。

13.蹬劈砸腿

左三體式，左胯下紮擰，右膝合中頂抬膝再翻
右胯上蹬腳，右腳跟出勁。不停，進身右胯下劈抹
腿，意注左胯下紮擰如大樹。收下頜，頂頭懸，耳
聽身後。左右都練，一組九個。

14.旋風腿

左三體勢，右胯下紮擰，鬆抬頂左膝外擺，右
腿向身後甩擺，右膝為接觸點，左掌擊右腳掌底，
響聲輕脆，有穿透力。左右都做，一組九個（圖
2－132～圖2－135）。

圖2－131

圖2－132

圖2－133　　　　　　　圖2－134

圖2－135　　　　　　　圖2－136

15. 龍虎相交腿

右拗式三體式，右肘下紮拉回肘窩，左肘合中向前方穿紮出。同時，左胯鬆下紮撐，右膝合中頂

抬膝再向前方勾腳尖蹬出，落步下踩桑。左肘下桑拉，右肘合中向前下方向45度穿桑出。反覆演練。頭正，收下頜，耳聽身後。每組九次（圖2－136）。

【要點】

意在立腿胯下桑，另一膝合中頂出再翻胯蹬出，腳跟出勁，下落有刮踩意，不可空落，高與胯平。不可彎腰。膝找肘合，下找上合，是心意六合拳之基本腿法，勿輕視。

十一、足

足是全身之根節，腳打踩意不落空，消息全憑後腳桑，前足進，後腳緊跟，步法輕靈如貓行。

練足須塌膝，逼開踝關節，妙足空空也，用腳不想腳。掌心力從足掌印，一指霹靂萬人驚，把把如此。

1.練大腳趾支撐力（如桑刀）

左三體勢，全身力量集中桑左腳大趾，放鬆，再桑，反覆練習，如碾擰菸頭。

2.金雞跳

左三體式，身中正，轉身桑碾地踩出，練兩足之平衡能力、爆發力。轉胯如軸擰桑，沉勁不丟，跳來蕩去。

3.足內、外緣

用腳內外側，走雞步，打五行拳、十二形，八卦轉圈等，讓底盤面積增大。練好，不會崴腳。

4.蹬腳抱樹

腳跟抵樹底下，翻腳掌蹬樹，兩手抱樹，身擠進，耗一會，有穿透意，不可用猛力。練腳腕之韌性，拉長韌帶（圖2－137）。

以上十一處練法，須氣定神閑，如小孩玩耍，不可用猛力，全身應當似水流，每臨大事有「靜」氣，「常有心意六合拳」如影如幻，如坦克車推進，不給敵人留一絲機會。身體要快過大腦，一觸即發，一發而至，具有穿透力、爆炸力。

圖2－137

第三章　單　練

一、三體勢椿功

面向東方，長功快（紫氣東來）。每次練功時，是恭敬、認真的態度，有莊重、寧靜之神態。

1.無極式

兩腳外八字，並腳跟自然站立。兩臂從容下垂，手掌側向前，五指併攏，中指貼於腿部中間。收下頷，頂頭懸，雙目平視前方，心中空空洞洞，無思無慮，耳聽身後，面帶微笑（圖3－1）。

圖3－1

2.關公捋鬚

接上式，先上左腿，再上右腿，與肩同寬。膀子後翻，雙肘墜紮，如挖掘機，兩掌從腮兩側下捋如理鬚狀到小腹，勁氣是兩肘鬆紮入地，兩掌是空的，氣存丹田。

兩眼凝視前方，耳聽身後，要有關公捋鬚之英雄氣勢（圖3－2、圖3－3）。

3.裹　肘

原地左肘下紮，墜右肘，合自己中線，斜45度向左前方裹擊，右肘內側為接觸點，右拳與口齊。左胯右撐紮（圖3－4）。

圖3－2　　　　　圖3－3　　　　　圖3－4

4.十字披紅

接上式，右腳後撤半步，左腳收於右腳旁。右掌向前護左肘，左胯催左肘，左拳收臂摟向口收回。邊寸左步左肘向膝前撐紮，左肘為接觸點；右掌變拳收於小腹旁，拳眼朝上。收下頜，頂頭懸，目視前方。頭與左胯反向撐，兩胯掙力，尾骨鬆坐住勁（圖3－5、圖3－6）。

5.三體勢

左肘手擰收回肋旁；同時，右肘合中裏擊，右拳後谿穴對人中穴，不停，右肘墜桼拉回右肋旁，肘不出尖；同時，左肘當手摩擠右臂外側向前撲出，左掌與嘴平，左腕鬆塌，五指撐開，虎口撐圓；右肘墜桼扣，右掌護心，護左肘。收下頜，頂頭懸。左腳趾向前，左膝與左小腿垂直，右胯下桼，右腳後跟與左腳內側在一條線上，右胯不可有窩，右膝墜桼，離地一拳頭，右腳跟不可抬起，挺桼腰脊，兩膝下如夾隻老虎，不能讓它跑了。耳聽身後，內心平靜，形短意長，耗。

練累了，兩腳碾步，擰胯變成右三體勢，動作同左三體勢。收功（圖3－7）。

圖3－5　　　　圖3－6　　　　　圖3－7

二、轉太極陰陽魚纏絲勁

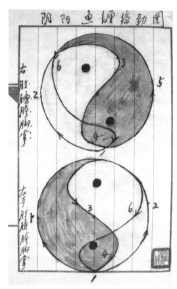

圖 3－8

馬步站立，兩肘鬆墜，不可抬，兩膀放鬆，收下頜，頂頭懸，眼看前方，按 1－2－3－4－5－6－1 做太極陽陽魚纏絲勁訓練，用肘做，兩手是空的。兩腳如吸盤吸地，不可動（圖 3－8）。本門功夫都與此圖有關，珍惜之。

三、耗膀功

圖 3－9

馬步站立，與肩同寬，兩膀根橫向伸，如二郎擔山，根節催，手腕塌翻，收下頜，如兩匹馬拉，耗 100 秒；可擰身前後耗膀，可各個方向做（圖 3－9）。

【要點】

兩膀如兩匹馬拉。收下頜，頭不動，耗為主。耗開關節，氣就通了。勿輕視。

四、五行拳精解

1.橫 拳

橫拳「生劈克鑽」以橫克直，內應脾，外通口，在體為肌肉，開竅中脘，氣發脾臟，練正確對脾胃好。橫拳不見橫，橫拳要直打，打拗式橫拳，有內橫、外橫。

左三體勢，寸左步，右腿緊跟一抵。同時，左肘下紮墜，右肘肘窩向上合中向前直打，左膝與右肘合，下找上合，是被動勁。收下頜，頂頭懸，耳聽身後。換式時，單重，暗雞腿，左胯下紮擰，右腳併於左腳內側，耗住不動，有三個呼吸，呼氣時，氣沉至腳底；上右步，緊跟左腿一抵。同時，右肘下紮拉回肋旁，不可出尖，左肘肘窩向上合中向前直打，右拳護心（圖3－10～圖3－14）。

圖3－10

　　練定功，能激發潛能，很吃功夫，能治許多毛病，有奇效。內橫是從裡向外合中直打；外橫是從外向裡裹擠合中，胯與腰反向擰，關鍵是思想要有橫意，襠勁始終下塌。橫拳意境，內動一寸，外動

圖3－11　　　　　　　　　　圖3－12

圖3－13　　　　　　　　　　圖3－14

一尺，能把一座山橫撥、滾動飛出，以不露橫為妙。

2.劈　拳

內應肺，外開竅於鼻。練正確，可養肺、順氣、增大肺活量。起於鑽，落於翻，是脊柱之伸縮起落。劈拳屬金，對應肺臟，劈拳練好，長命百歲。鑽拳與崩拳結合為劈拳。

收下頜，頂頭懸，身體中正，不偏不倚，挺紮腰脊。兩臂動作要小，是脊柱之縮展。左三體勢，左胯催，左腳碾擰，左肘下紮墜收回肋旁，左胯下紮擰，鬆右膀，右肘合中上鑽擰，拳高與口齊，左掌護心和右肘。同時，上右腿併於左腳內側，不停，合中剪刀步上右腿，左腿緊跟一抵。同時，鬆右膀，右肘邊擰邊落翻，高與心平，左手護於右肘旁。收下頜，頂頭懸，耳聽身後。右胯催腳碾擰，上左腿併於右腳旁。同時，兩肘下紮拉回肋旁，側身調左膀催左肘合中鑽擰，高與口齊，右手護於左肘內側。不停，上左剪子步，右腿緊跟一抵。同時，左肘邊擰邊落翻於心平。收下頜，頂頭懸，耳聽身後。反覆練習。換式時定住不動，做三個呼吸，氣沉腳底，眼看前方，耳聽身後，滋養肺，增強肺臟功能，身強力壯（圖3－15～圖3－19）。

圖3－15　　　　　　圖3－16

圖3－17　　　圖3－18　　　圖3－19

　　劈拳意境——脊柱的起鑽落翻，如面前有座銅塔，我把銅塔鑽擎起劈砸爛，穿透過去，行如槐蟲，連綿不斷。

3.鑽 拳

內應腎臟，外通耳，生崩克炮，如閃如電。練好能精力充沛，可補先天不足，達強身健體之功效。鑽拳屬水，無孔不入。

左三體勢，左肘墜紮扣，如千斤墜；拗步，翻膀右肘合中向前上鑽，肘不可抬，高與嘴齊。左膝與右肘合，再右肘下紮拉，左鑽肘是被動勁。同時，上右步，拗式，右膝與左肘合，肘合中護心，拳與嘴齊。收下頜，頂頭懸，後手藏，備用，準備偷襲。轉換時，暗金雞獨立，耗，呼吸三次，呼氣至腳底板，腳底板如有吸地感覺為對。耳聽身後，螞蟻打架如聽似龍吟虎嘯（圖3－20、圖3－21）。

圖3－20

圖3－21

鑽拳意境，左鑽右鑽，上鑽下鑽，一鑽變三鑽，身子鑽，迎門穿壁，破牆而過。

4.崩　拳

內應肝，外通目。練好崩拳，可使肝氣舒暢，筋骨強壯，兩眼有神，能生火克橫，起如箭，落如風，拗式崩拳得勁快，逮住勁氣後，再打順式。

三體式，寸左步，右腳緊跟一抵。左肘下紮拉，右肘合中向前擊出，身子中正，左膝與右肘合，左胯與右膀合。並步時耗住，呼吸三遍，氣沉腳底，再寸右步，左腳緊跟一抵。右肘下紮擰拉，左肘合中向前擊穿。收下頜，頂頭懸。反覆演練。轉身時左肘下砸墜，右肘回拉，轉身上鑽右肘時，左肘墜，左腿下紮，頂抬右膝，雞腿，龍身，熊

膀，虎豹頭，落步右腿下彈踩，右肘墜紮拉，左肘向前下撲按。再寸步，打拗式崩肘捶，關公捋鬚，收式（圖3－22～圖3－24）。

崩拳意境，如強弩，能穿透七層鎧甲。崩拳如箭穿，一打三下，把把是

圖3－22

86

圖3－23　　　　　　　　圖3－24

挑擔勁。

5. 炮　拳

內應心，外通舌，屬火，生橫克劈。練好炮拳，能強心臟功能，心疾火焰攻，如地雷爆炸。

左三體勢，收左腿併於右腿。同時，兩肘收於肋部，拗步，進左寸步，右腿緊跟一抵，左肘豎墜紮，肘部頂紮向前，右肘斜45度鬆膀向前下擊穿，左膝與右肘合，左手做偷襲補手準備。走「之」字步，左胯催，左腳碾步，兩肘收於肋部，右腳併於左腳內側，停住，呼吸三次，再向前打右拗式炮捶，右肘墜紮，右肘面向前頂擠，身子中正下紮撐，左肘向前下45度擊穿，右膝與左肘合。收下頜，眼看前方。兩肘跌落肘窩定住，右胯催動，右

腳碾步，左腳並於右腳內側，呼吸三次，再向下打，意識始終襠勁下塌，不可抬。收下頜，頂頭懸。後膝鬆墜。穩住心神，一把一把地打（圖3－25～圖3－28）。

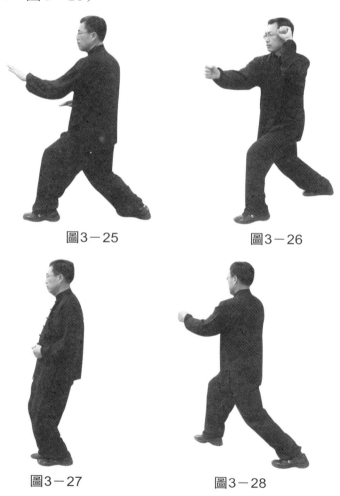

圖3－25　　　　　　　　　　圖3－26

圖3－27　　　　　　　　　　圖3－28

炮拳意境，根節催動，如地雷四面八方爆炸。

　　五行拳是常有心意六合拳之基礎，如數學之加、減、乘、除、乘方、開方等，可隨意變化打。五行本是五道關，無人把守自遮攔，練對了，合中了，自然是銅牆鐵壁。練時要鬆軟綿柔慢，練慢就是練快，做規矩。換勢時三次自然呼吸，呼到腳底板，內心平靜，斂神聽微雨，激發出超常潛能。

　　常有心意六合拳是從橫拳開始練起，橫拳屬土，土生萬物。起手橫拳勁難找，思想要橫。橫—劈—鑽—崩—炮—橫。五行相生相剋，五行無常勝。五行對五臟，橫拳對應脾胃，劈拳對應肺，鑽拳對應腎，崩拳對應肝，炮拳對應心，損有餘補不足，在不同的季節裡打五行拳，可天人合一，自然調節人體臟腑平衡，達到自然和諧之良好狀態，五行拳裡有「春天」，須臾不可離也。

五、單操式（二十毒手）

　　兵者，詭道也；拳法，詭道也。善戰者，其勢險，其節短。如轉圓石於千仞之山。出奇不意，攻其不備；側翼迂廻，秘行偷襲；誘敵詐取，善出奇者；無窮如天地，不竭如江海。善戰之人，如北嶽恒山之率然，擊其首則尾至，擊其尾則首至，擊其

中則首尾俱至。與人比武，不招不架，一擊勝敵；神要逼人，氣要襲人，肘要紮人，頭要撞人，身要欺人，步要過人，勁氣如滔滔洪水，無處不在。肘、肩、膝、胯，處處貼人，視人如蒿草，打人如走路，肘膝齊到方為真。處處有虛實，自然發力。發力時放鬆，才能把勁氣穿透到敵身後，才能將敵擊穿、擊透。

1.定式崩肘捶

打每式單操式前，先無極式，心中空空洞洞，兩耳斂神聽微雨，內心安靜，氣定神閑。無極式，上步關公捋鬚，裏肘，十字披紅，三體式，靜一下。以下每式同此。勿輕視。

左三體式，收下頜，頂頭懸，舌抵下牙根，收肛，褞勁下紮擰。左肘下紮拉收於肘窩，肘不可出尖。右膀鬆，太極陰陽魚纏絲勁從後背從右肘通出，右肘為被動勁，向前與心平甩紮出，右掌是空的，左膝與右肘合，脊柱挺紮，不可擺動，腰如軸，可左右擰，不可擺動。右肘尖墜紮，不可抬，重心紮前腳踝下點，後膝墜紮地，練到離地一拳，後腳不抬為成功。右肘墜紮拉，左肘當手合中向前下撲出，以左肘為接觸點，左手掌是空的，重心下紮後腳踝下點（圖3－29～圖3－38）。

　　反覆練習，一把一把地練，不可急躁猛練，要
從容閒適。一次打50～100下。兩腳碾地，兩胯變
換，同理再打右式。

圖3－29　　　　　　圖3－30　　　　　　圖3－31

圖3－32　　　　　　圖3－33　　　　　　圖3－34

圖3－35　　　　　　圖3－36　　　　　　圖3－37

圖3－38

【要點】

頭不可晃動，意在腰脊鬆墜粢，收下頜，肘當手來做。眼視前方。口中煉出天河水（瓊漿玉液），扣齒36下，分三次帶響聲咽下，養人。也可站汽車輪胎上練，效果更好。

2.單擺肘

左三體式，收下頜，頂頭懸，舌抵下牙根，收肛，襠勁下粢擰。左肘墜粢拉，後背太極陰陽魚纏絲勁從右肘通出，左膝與肘合，鬆右膀，右肘墜粢

合中，右肘內側為接觸點，右胯下紮，左胯右擰，
脊柱如擰螺旋下紮，右肘與心口平，眼看前方。右
肘墜紮拉回肘窩，左肘當手，合中向前下方45度擺
擊，右胯左擰（圖3－39～圖3－43）。

圖3－39　　　　　　圖3－40　　　　　　圖3－41

圖3－42　　　　　　圖3－43

反覆練習。一次打50~100下。兩腳碾地,兩胯變換,同理再打右式。

【要點】

後胯下紮,後膝墜地,耳聽身後,肘不可抬。

3.三穿肘掌

左三體式,左肘當手墜紮拉回肘窩,不可脫把。太極陰陽魚纏絲勁從後背從右肘通出,右肘是被動勁,右肘合中,肘當手向前穿出,掌高與嘴平,不停,右肘墜紮拉回肘窩,太極陰陽魚纏絲勁從後背從左肘通出,左肘合中,向前穿紮,再左肘墜紮拉回肘窩,從後背纏絲勁從右肘通出,褶勁始終下紮不可。眼看前方。胯根催動,收下頜,頂頭懸,舌頂下牙根,如有唾液即天河水,扣齒36下,分三次,帶響聲咽下。

【要點】

兩臂合中相摩而出,肘當掌穿,騰出手。胯根咯噔響。不用拙力,有穿透意識。易錯點:拿手掌穿,不合中,沒用身力(圖3-44~圖3-48)。

4.一馬三箭

左三體式,左肘下紮拉回肘窩,不可脫把(即出尖),右肘合中墜紮向前上或前下45度穿紮(有甩意、穿透意),右肘下紮拉回肘窩,左肘當手向

圖3－44　　　　　圖3－45　　　　　圖3－46

圖3－47　　　　　　　圖3－48

前上或向前下45度合中穿紮而出，一打三下，肘與
心平。收下頜，頭頂懸，襠勁始終下紮，不可抬。
後手比前手還要快、還要疾，好漢也怕緊三手。當

一馬三箭打定式，打規格了，打熟練了，一馬三箭打完要加一舔腿，即後腿合中頂抬膝向前蹬或踩，意即對方亂了，就補一腿，亂而取之。

【要點】

肘當手用，鬆膀，兩肘合中摩擠而出，手是掌，不可握拳，等熟練了再練速度，有穿透意識（圖3－49～圖3－52）。

5.亂劈肘

左三體式，左肘下紮拉，右膀鬆，右肘當手合中向前甩劈，右肘墜紮拉，左肘向前劈（合中），左肘墜紮拉，右肘再向前合中甩劈，手是空的。抓臉、抓頭髮，急風暴雨，一打三下。要打出潑辣勁，對方亂了，加一舔腿。收下頜，頂頭懸，身體

圖3－49　　　　圖3－50　　　　圖3－51

中正不可前栽（圖3－53～圖3－56）。

【要點】

內心平靜，外亂內不亂，讓對方亂，肘當手合中劈，氣勢壓人，大膽、潑皮，後腿隨時能進攻。

圖3－52　　　　　　圖3－53　　　　　　圖3－54

圖3－55　　　　　　　　　圖3－56

一組九次。

6.胯踩膝

左三體式，左胯下紮擰，右膀催向前墜紮肘，白鶴亮翅。同時，合中頂抬右膝，再向前下45度蹬踩膝。輕鬆做，不可拿勁，要鬆弛發力。收下頜，頂頭懸。身體中正下紮擰，右腳落步也下踩紮對方腳面。緊跟一馬三箭，打倒還嫌慢，訓練這種意識，沒有空手、空腳（圖3－57、圖3－58）。

【要點】

胯催動，膝當腳用，意在立腿胯下紮，太極陽陽魚勁甩穿出。

7.抓髮膝刺

左三體式，左肘墜紮拉，右肘當手向前上抓對

圖3－57　　　　　　　　圖3－58

98

方頭髮。左胯下紮,右膝合中頂抬,刺對方襠部,有穿透意識。右肘墜紮拉與右膝頂抬刺,陰陽相交,打出脆勁;左手護心,準備保護自己和突襲對方(圖3-59~圖3-62)。

【要點】

用肘去抓髮,長出近尺,敵冷不防,立腿胯下紮撐,另一胯掙力,抓髮肘不可抬,有墜意,後手護心,對方一亂,奇襲之。

8.龍虎相交

右拗式三體式,右肘下紮拉回肘窩,左肘合中向前方穿紮出;同時,左胯鬆下紮撐,右膝合中頂抬膝再向前方勾腳尖蹬出,落步下踩紮。左肘下紮拉,右肘合中向前下方向45度穿紮出。反覆練

圖3-59　　　　圖3-60　　　　圖3-61

習。頭正，收下頜，耳聽身後（圖3－63～圖3－65）。

【要點】

意在立腿胯下紮，另一膝合中頂出再翻胯蹬

圖3－62　　　　　　　圖3－63

圖3－64　　　　　　　圖3－65

出，腳跟出勁，下落有刮踩意，不可空落，高與胯平。不可彎腰。膝找肘合，是心意六合拳之基本腿法，勿輕視。

9.切陰肘掌

左三體式，左肘下拉紮拉回肘窩，太極陰陽魚纏絲勁從身後背通過右肘，肘當手向前下45度撩切對方襠部時，左手護心，有機會突襲對方眼或咽喉等要害部位，一擊必殺，慎用。每組九次（圖3－66～圖3－68）。

圖3－66

圖3－67

圖3－68

【要點】

收下頜。手掌是空的，備用。指下打上之法，後腿能騰出搜襠為好。

10.撩陰腿

左三體式，右膀催後翻，向前向上白鶴亮翅，封對方雙目。對方一亂即左胯下紮擰，右膝當腳用合中向前下方穿紮踢彈。有踢穿透意識（圖3－69、圖3－70）。

【要點】

兩膀後翻捧封對方眼，肘不可抬，敵一亂即撩陰腳合中擊穿，落步有下踩意。

11.龍形崩肘捶

左三體式，左胯左擰，左肘下紮拉回肘窩，太

圖3－69　　　　　圖3－70

極陰陽魚纏絲勁從後背從右
肘通出，左膝與右肘合，右
肘合中斜下45度，龍形崩肘
捶擊穿透，再右肘墜紮拉回
肘窩。太極陰陽魚纏絲勁，
左肘當手合中斜45度下擊
穿時反覆打。眼看前方（圖
3－71～圖3－73）。

圖3－71

【要點】

收下頜。擰龍形要坐穩，肘合中斜45度下紮
穿，破打合一。

12.點心肘

左三體式，左肘下紮拉，太極陰陽魚纏絲勁，

圖3－72　　　　　　　　圖3－73

鬆右膀，跌紮右肘，左膝與右肘合，右掌摸耳，左掌護心。右肘下紮拉回肘窩，左肘當手合中撲出，兩肘相錯剪，一次練九，下腳碾地，撐成右三體式，同左（圖3－74、圖3－75）。

【要點】

左肘下紮拉是主動勁，跌紮右肘為被動勁，右肘合中，如同將一摞磚紮塌。尾閭下垂。

13. 兩肘錯剪甩肘穿掌

左三體式，收下頜，頂頭懸。左肘下紮拉回肘窩，不可出尖，背後太極陰陽魚纏絲勁，兩肘相錯剪，如剪斷鋼筋，右肘尖下紮墜，合中向前甩穿，襠勁始終下紮墜（圖3－76～圖3－79）。

圖3－74　　　　　　　　圖3－75

【要點】

　　兩肘合中錯剪，後背下紮，手掌是空的，打了人自己也不知道，後手要補一掌。兩肘合中，肘當手下紮穿，後手護心。

圖3－76　　　　　　　　　圖3－77

圖3－78　　　　　　　　　圖3－79

14.裹肘顛捶

左三體式，收下頜，頂頭懸。左肘下紮拉回肘窩，後背太極陰陽魚纏絲勁，鬆右膀，右肘合中向前下45度甩砸，右肘下紮拉回肘窩，左肘當手合中與心口平向前撲甩。反覆練習（圖3－80、圖3－81）。

15.原地金雞獨立

左三體式，左胯下紮擰，左肘墜紮如抓物下扯，右膝合中頂抬膝，墜右肘合中向上鑽擰，肘與心平，迎門穿壁，穿牆而過。落時右胯下紮地，右膝下紮，右肘鬆落（圖3－82～圖3－84）。

【要點】

立腿胯下紮擰，兩胯掙力，兩膀掙力，肘為接觸點，不可雙重。下落要踩踏，不可空。

圖3－80　　　　　　圖3－81

16.白虎倒扣肘

馬步站立，鬆紮左胯，兩胯掙，右胯向後寸步，右肘當手向右後側切甩，右肘與右胯如切鋼筋，手掌是鬆的。立身中正，收下頜，頂頭懸，舌頂下牙根，襠勁始終下紮墜（圖3-85～圖3-87）。

圖3-82　　　圖3-83　　　圖3-84

圖3-85　　　圖3-86　　　圖3-87

【要點】

退步與甩肘同時，向後擊穿。退步取敵根節。

17.之字步虎撲子

左三體式，步子剪刀步，走之字形，打虎撲，身子中正下紮撐。收下頜，頂頭懸，舌頂下牙根，以肘為接觸點，向前斜下45度甩紮，後背下紮發力，如水中打漂勁。步子碾，肘收肘窩，蓄勁，再斜下45度甩紮漂勁。手掌是空的，慢勻細長，鬆弛發力，以虛擊虛。不可急躁，等練精熟了再練速度（圖3－88～圖3－92）。

【要點】

肘為接觸點，手掌是空的，後背下紮發力。眼看前下方，耳聽身後。步法如夏天之水上漂，走之

圖3－88　　　　圖3－89　　　　圖3－90

圖3－91　　　圖3－92　　　圖3－93

字，輕鬆、靈動，以正打斜，打敵難受處。

18.搬肘炮

左三體式，兩肘合中鬆
墜紮，肘當手合中，向前上
方甩撲，兩手掌是空的。收
下頜，頂頭懸，舌頂下牙
根。襠勁始終下紮墜，脊椎
是鞭杆子。體會後背下紮發
勁（圖3－93、圖3－94）。

【要點】

脊柱下紮撐發，肘當手
甩，有擊穿透意。

圖3－94

19.雲　肘

　　馬步，與肩同寬，以肘當手，以肘帶腰，在胸前纏繞，兩肘墜紮勁，兩手掌豎，不可橫，合要合到後背，開要開到胸前，頭頂身豎（圖3－95～圖3－98）。

圖3－95　　　　　　　圖3－96

圖3－97　　　　　　　圖3－98

【要點】

胯如磨盤，腰如碾子，肘如推碾子的把，推把帶碾子轉，胯鎖不動。低勢法，手中指觸地，收下頜，頂頭懸，耳聽身後。雲肘是進攻手。如雲面前一堵牆，要把它雲塌。把把有採捌意。

20.六合熊膀

左三體式，收下頜，頂頭懸。左肘下紮墜拉，後背太極陰陽魚纏絲勁，右膀斜前45度下擊，左胯與右膀合，挺紮腰脊，左膝與右肘合，頭中正向前，頭與膀反向擰。右肘下紮墜拉回肘窩，左肘當手合中撲出。反覆演練。一組九次。右式同左（圖3－99～圖3－102）。

圖3－99　　　圖3－100　　　圖3－101　　圖3－102

【要點】

左胯右擰，頭與右膀反向擰，膀為接觸點，脊柱如擰麻花。身中正，不可前栽。胯與膀合，下找上合。

以上二十毒手，按規格，一把一把地做，打出的是被動勁，把把收下頜，頂頭懸，舌頂下牙根。如練出天河水，扣齒36次，分三下，帶響聲咽下。每一手左右都練，兩胯一擰即練右式。剛開始以慢為主，等打熟了，再練速度。不可拿勁，不用僵勁，如小孩玩耍，放鬆，不拿勁，想自己是參天大樹，根深葉茂，襠勁始終下墜紮。

六、步　法

無步不成拳，手、眼、身都要落實在步法上。常有心意六合拳步法巧妙，與眾不同。

1.寸　步

左三體勢，兩肘下紮拉收回肋旁。同時，右腿併於左腿旁，成金雞獨立式，呼吸三次，左胯下紮擰，右膝當腳合中向前下方鬆踩落，左腿緊跟一抵，勁倒右胯，左腿併於右腿旁，呼吸三次，右胯下紮擰，左膝當腳合中向前下方鬆踩落，右腿緊跟一抵，反覆做，保持身體中正，從慢中求穩、求快。

2.三角步

左三體勢，兩肘下紮拉，收回肋旁。同時，右胯下紮，左腿向左側橫跨一小步，左胯下紮擰，右腿合中摩擠左膝向前鬆踩落，左腿緊跟一抵，左胯下紮，右腿向右側橫跨一小步，勁倒右胯，左腿合中摩擠右膝向前下方鬆踩落，右腿緊跟一抵，反覆做。保持身體中正，從慢中求穩、求快。

3.擠 步

左三體勢，兩肘下紮拉，收回肋旁。同時，左胯下紮擰，右腿併於左腿旁。不停，右腿合中摩擠向前鬆踩落，左腿緊跟一抵。不停，左胯下紮擰，右腿合中摩脛向前下方鬆踩落步，左腿緊跟一抵，反覆練習。步步緊逼，不給敵留一絲機會。

4.進步、退步

左三體勢，兩肘下紮拉，收回肋旁。同時，左胯下紮，右腿併於左腿旁，不停，右膝摩脛合中向前鬆踩落，左腿緊跟一抵，反覆進寸步；退步先退後腿，再大退前腿，緊跟退原後腿，合中剪刀步。反覆做。身中正。進要進得去，退要退得出來，不知進退枉伶俐。

5.之字步

左三體勢，兩肘下紮拉，收回肋旁。同時，左

胯下紮擰，右腿併於左腿旁。不停，向右前方45度寸步，向左45度碾擰右腳掌，左腳併於右腳內側，右胯下紮擰，左膝合中摩擠向前下方鬆踩落，右腿緊跟一抵；向右45度碾擰左腳掌，右腳併於左腳內側，左胯下紮擰，右膝合中摩擠左膝向前下方鬆踩落，左腿緊跟一抵。反覆做。身子中正，眼看前方，耳聽身後，收下頜。

七、心意八卦掌

常有心意門的八卦掌據傳是先輩和一程派八卦高手換藝而得來，結合心意拳特點，創編成獨具特色的心意八卦掌。以單換膀為基礎。胯與腰反向擰，腰擰270度，兩肘鬆墜紮，兩膀如兩匹馬拉。頭與膀掙力，三步一圈，內圈是三角形，兩膝摩擠而行，剛開始是人追樹，練成後是樹追人，秋天轉圈能將地上黃樹葉旋飛起來。收下頜，頂頭懸，耳聽身後。步要踩透，關鍵在「變」。

動作名稱

1. 單換膀；2. 二郎擔山；3. 三盤落地；4. 白猿獻桃；5. 懷中抱球；6. 白虎倒扣肘；7. 架海紫金梁；8. 小格鬥式。

第四章　單練套路

第一節　進退連環捶

　　山西常有心意六合拳，保留了戴文雄（二闊先生）傳留下來的原汁原味，其中具有代表性的是雞形四把捶和進退連環捶。

　　進退連環捶是開門基礎套路，它短小緊湊，技擊性強，即可以套路練習又可拆出單練，對手、眼、身、法、步大有裨益。它包含了五行拳的基本動作，含有雞腿、龍身、熊膀、虎豹頭。

　　剛開始練，要合規合矩，一把一把地做，等練熟了，可快打、慢打；剛打、柔打；用膀打、用胯打、用尾閭打，一次可連續打15趟。要鬆沉，有悠蕩勁，能激發出可怕之潛能。前輩傳言：學會進退虎撲子，能打24個討吃子。

1.無極式

　　兩腳並立，雙手下垂。收下頷，頂頭懸，呼吸自然，心中空空洞洞，無思無慮，全身放鬆，氣定神閑，身心愉悅，面帶微笑，兩眼平視前方（圖4-1）。

圖4－1

【要點】

無極式很重要，心意六合拳在「虛、無」處下工夫。

2.關公捋鬚

接上式，先上左腿，再上右腿，與肩同寬。膀子後翻，雙肘墜紮，如挖掘機，兩掌從腮兩側下捋如理鬚狀到小腹，勁氣是兩肘鬆紮入地，兩掌空。收下頜，頂頭懸，氣存丹田，兩眼凝視前方，耳聽身後，要有關公理鬚之英雄氣勢（圖4－2、圖4－3）。

圖4－2

圖4－3

圖4－4

【技擊作用】

若敵擊我心口或小腹，我翻膀雙肘如刀斫斷擊穿其小臂到敵腳後跟，讓敵失中，寸步虎撲子或雙馬形擊其倒地。

3.裏　肘

左肘下紮墜拉肋旁，右肘合中與心口齊向左前方45度裏肘。左胯向右擰紮，左膝與右肘合，兩腳不動。收下頜，頂頭懸（圖4－4）。

【要點】

右肘是被動勁，裏擊敵肘以上根節，破打合一。

【技擊作用】

敵左拳擊心，我左肘墜紮拉回肋旁，不出尖。背後太極陰陽魚纏絲勁從右肘通出，右肘內側合中裏擠敵肘上部，向敵心口或敵右側身後一尺下方擊穿；也可我左步鬆進敵襠下，左膝與右肘合，左手藏護於心口，準備二次打擊。

4.十字披紅

接上式，右腳後撤半步，左腳收於右腳旁。右掌向前護左肘，左膀催左肘，左拳收臂摟向口收回。邊寸左步左肘向膝前擰紮，左肘為接觸點，右掌變拳收於小腹旁，拳眼朝上。收下頜，頂頭懸，目視前方。兩膀掙力，尾骨鬆坐住勁。可提出單

117

練、多練（圖4－5、圖4－6）。

【要點】

左收肘要垂直，不可斜，左肘向前絜，右肘墜絜拉，兩膀掙力。收下頜，頭與左肩掙力，身中正，不可前栽。左肘有勁，右胯下絜，前後平衡。眼看前方。

【技擊作用】

敵右拳打來，我右掌撩托敵右肘，膀催左肘擰絜擊敵小腹或肋骨斜下45度擊穿。寸左步，身擁進，身勁打人山也愁，膝肘齊到才為真。右掌護心準備奇襲。

5.反背捶

寸左步，緊跟右步，墜絜右肘，左拳以左肘為

圖4－5　　　　　　圖4－6

軸，向前方甩拳，拳背朝前，右拳護心。目視前方
（圖4－7）。

【要點】

寸步進，左肘為接觸點，身中正，不可前栽。

【技擊作用】

接上式，敵防小腹，我寸步進身反背甩捶擊打
敵面部或太陽穴，肘為接觸點。慎用。此為驚下取
上之法。

6.勾肘捶

接上式，寸左步，緊跟右步一抵。左肘墜紮拉
回肋旁，同時，右肘當手由下向上向前合中挑鑽，
肘高與心齊。襠勁下紮墜（圖4－8）。

圖4－7　　　　　　　　圖4－8

【要點】

兩肘有錯剪勁，腰脊下紮墜。

【技擊作用】

如敵架住我反背捶，左肘沉墜拉，讓敵失中，寸左步，左膝內側如刀切敵下盤，緊跟右步，右肘勾擊敵心口，有擊穿透百會穴之意。左膝與右肘合，翻右膀擰旋勁。右胯下切，右腿隨時能崩擊。

7.拉弓式

接上式，右胯下紮，寸退右步，緊跟退左步。同時，右肘墜紮拉回右肋旁，後背太極陰陽魚纏絲勁從左肘通出，左肘合中與心平，向前下方打崩拳，是被動勁。收下頜，頂頭懸，目視前方（圖4－9）。

圖4－9

【要點】

身中正，有坐勁，寸步退，同時右肘墜紮拉，左肘合中擊出。

【技擊作用】

敵防我右拳，我右肘沉紮拉，同時退右步，讓敵失中，左肘合中穿心而過。退也打人。

8.一馬三箭

接上式，寸左步，緊跟右步，左肘墜紮拉回肋旁，左拗式右崩拳，左膝與右肘合。收下頜，頂頭懸，有坐勁。偷退右半步，右肘墜紮拉回肋旁；同時，退左一大步，重心倒於左胯，左肘合中左崩拳向前下擊出，退也打人。左胯下紮，寸右步，緊跟左步，左肘墜紮拉回肋旁，不可出尖，右肘合中錯剪勁向前上或下45度打右崩拳。手是空的，肘為接觸點（圖4－10～圖4－12）。

【要點】

根節催動，下上合一。兩肘合中錯剪勁，追風趕月不放鬆。

圖4－10　　　　　圖4－11　　　　　圖4－12

【技擊作用】

敵一亂，即連續快速擊打敵心口、咽喉、襠、肋等要害四兩處，招招有穿透意。拳諺曰：學會緊三手，英雄一路走。趁熱打鐵，不可停，不可歇，一氣呵成。

9.白鶴亮翅

接上式，寸右步，緊跟左步，後翻膀，左肘貼右臂下向斜上45度捧擊穿敵眼，與肩同寬。雙臂下手護心（圖4－13、圖4－14）。

【要點】

膀後翻，如槓桿力，根節催。

【技擊作用】

若敵抓我右拳，我進身寸右步，後翻膀子向前

圖4－13　　　　　　圖4－14

向上45度捧擊敵雙眼，驚亂敵心神，下面給一舐腿。動手時，手一碰即起腿。

10. 左炮拳

接上式，左胯下紮，上右剪刀步，右膝內側切敵膝彎虛弱處，右肘墜紮頂敵肋骨，左肘當手斜下45度擊穿敵心後一尺。右膝與左肘合，右胯向左擰紮，襠勁下紮，不可抬起。收下頜，頂頭懸，目視前方（圖4－15）。

圖4－15

【要點】

右肘豎紮，右膝內側切敵虛處，左肘斜下45度擊穿透。右手見縫插針刺要害。

【技擊作用】

敵左劈拳，我上右步吃敵腿彎；同時，右肘跌肘頂擊穿敵肋骨或期門穴，左崩拳擊透敵心後一尺，右拳斜補擊。

11. 裹肘顛捶

接上式，左腳偷步後撤半步，不停，右腳大撤一步。同時，上面左肘墜紮拉回肋旁，右肘合中裹

圖4－16

擠。不停，右肘下紮擰，左肘向前甩砸擊，右拳護心，備用奇襲（圖4－16）。

【要點】

偷撤左步，左肘墜紮拉敵個跟頭，肘當手顛擊穿透，身體中正，有坐勁。

【技擊作用】

若敵抓我左拳，我偷左步，左肘下紮拉，讓敵失中，我右肘斜45度合中肘內側擊敵，有穿透意。不停，右肘墜紮拉，左肘被動勁，肘當手向前甩砸擊穿，右拳護心，準備奇襲。

12.引進落空

左胯下紮擰，右腿後撤一步，左腿緊跟後撤貼於右腿旁。同時，左肘墜紮拉畫弧，高與口齊，右肘護肋，備用奇襲。

不停，斜上左步，左肘墜紮拉回肋旁，右肘當手合中斜45度舔肘掌，左膝與右肘合。收下頜，頂頭懸。左掌護心（圖4－17、圖4－18）。

【要點】

左肘垂直下紮畫圓。同時，右腿後撤一大步，

圖4-17　　　　　　　圖4-18

讓敵失中。不停，下紮右胯，左腿剪子步，左膝內側如刀切。右肘當手合中向前45度舔擊，左膝與右肘合，身不可前栽。

13. 熊鷹二把

左腳跟碾轉，上右步併於左腳內側。同時，右肘合中裏擠擰螺旋右拳後谿穴對人中穴，左手護心。再上右步，右肘下紮墜拉回肋旁，不可出尖，左肘當爪合中向前下45度撲抓，手掌是空的。收下頜，頂頭懸。右膝與左肘合，是「脊柱」劈抓（圖4-19、圖4-20）。

【要點】

熊膀是右肘內側合中紮擠，引敵落空，左肘當

圖4－19　　　　　　　　圖4－20

手撲擊。右肘不可抬。

【技擊作用】

敵打來，我右肘內側合中跌膀擊敵失中，敵一亂，即進身撲抓。

14.黑虎出洞

上左剪刀步，拗式右崩拳，左肘下紮拉回肋旁，右肘合中，勁向前崩穿出，身子坐住勁，左膝與右肘合。頭頂身豎，襠勁下墜（圖4－21）。

【要點】

左肘墜紮拉，使敵失中、丟根；左腿剪子步，左膝內側切擊敵膕窩處，同時，右肘合中擊穿敵心後一尺。收下頜，左膝與右肘合。

【技擊作用】

敵抓我左手，我左肘墜桼拉，帶敵個跟頭。右胯下桼擰，左腿剪子步，左膝內側如刀切敵根，右崩肘捶擊穿敵心後一尺，挺桼腰脊。

15. 錯切肘捶

勁倒右胯，右肘墜桼拉，左肘前下切，將敵抓我之手臂砸斷（圖4－22）。

【要點】

右肘和左肘有錯剪勁，能把鋼筋剪斷。

16. 轉身雞腿、龍身、熊膀、虎豹頭

接上式，左腳跟為軸轉身，合中頂抬右膝，左肘下墜拉，跌右膀肘合中上鑽，拳與嘴平，左掌護心。定住，耗一會（圖4－23）。

圖4－21　　　　圖4－22　　　　圖4－23

【要點】

左腳碾地轉,右肘內側合中跌膀,高與嘴齊,左手護心。立腿如樹生根。

【技擊作用】

身後有人打來,左胯下紮擰轉身,猛轉身頂抬右膝擊襠,右跌膀合中上鑽,引敵失中,慎用。害人又害己。

17.龍形鷹撲把

左胯下紮擰,右膝合中下踩,右肘墜紮拉回肋旁,左肘當手合中撲按。收下頜,頂頭懸,目視前下方,如鷹抓兔,身不可前栽(圖4-24、圖4-25)。

【要點】

身子坐住勁,左肘合中撲擊,是脊柱撲。

圖4-24   圖4-25

18. 一馬三箭

同動作 8（圖 4－26～圖 4－29）。

19. 白鶴亮翅

同動作 9（圖 4－30、圖 4－31）。

圖4－26　　　　圖4－27　　　　圖4－28

圖4－29　　　　圖4－30　　　　圖4－31

20.炮　拳

同動作10（圖4－32）。

21.裹肘顛捶

同動作11（圖4－33）。

22.引進落空

同動作12（圖4－34、圖4－35）。

23.熊鷹二把

同動作13（圖4－36、圖4－37）。

24.黑虎出洞

同動作14（圖4－38）。

25.錯切肘捶

同動作15（圖4－39）。

圖4－32　　　　圖4－33　　　圖4－34

26. 轉身雞腿、龍身、熊膀、虎豹頭

同動作16（圖4－40）。

圖4－35　　　　圖4－36　　　　圖4－37

圖4－38　　　　圖4－39　　　　圖4－40

27.龍形鷹撲把

同動作17（圖4－41）。

28.猛虎出洞

同動作14（圖4－42）。

29.退步龍形崩肘捶

右腿偷撤半步，左腳大撤一步成龍形步。右肘下紮拉，左肘合中向下45度崩出，擊敵尾閭穴。左肘為接觸點。順勁截擊令人驚。

【要點】

龍形要坐穩，如虎坐窩，退也打。

30.十字披紅

同動作4（圖4－43）。

圖4－41　　　　　　圖4－42

31.關公捋鬚

同動作2（圖4－44、圖4－45）

32.收　功

雙手敲三下丹田，將煉得真氣存於丹田，備用。搓兩手掌發熱，從頭頂向後梳頭；雙空心拳輕敲打頭部；雙手搓捏耳朵；兩大指棱搓眉攢竹穴；手掌搓大椎穴；雙手捏拽喉部；食指橫搓人中穴。左手抓捏右肩井穴，右手抓捏左肩井穴；左手抓捏右腋窩，右手抓捏左腋窩；左手點右曲池穴，左拳拍打右肋骨，右拳拍打左肋骨；左拳打左環跳穴，右拳打右環跳穴；雙拳由上向下打兩腿外側、內側；雙拳擊雙腳掌面，如搗蒜。雙拳扣擊腿足三里穴、後委中穴等。右掌拍打心口鳩尾穴，由輕到

圖4－43　　　　圖4－44　　　　圖4－45

圖4－46

重，膀根鬆打有穿透意，打入骨髓。烏龍擺尾，右掌擊左耳，左掌擊右肩井穴；左掌甩擊右耳，右掌擊左肩井穴。全身抓、捏、拍、打、點、按。散步，遛腿。

可走寸步、前進後退步、擠步、三角步、之字步、月牙步、踐步、虎籠中步等，式式是合中剪刀步（圖4－46）。

收功極重要，要認真做。否則，有種無收。本門功法收功都如此。

第二節　雞形四把捶

常有心意六合拳歷代先輩，非常重視四把捶之訓練，傾注了大量心血，濃縮為短小精悍、極富技擊實用性的套路。常有師祖以腿法精絕、狠毒聞名天下，有雞形四把捶、蛇形四把捶、燕形四把捶。雞形四把捶，動作形象，勁氣精巧，含有拳打（金雞食米）、腿踢（雞腿）、肩靠（束翅）、膝頂（合中頂抬膝上穿襠），以胯打為主。師輩傳言：「金丹六」武玉山，一束一展之間，對手飛出丈五

遠，其中「束展」二字一命亡，令後人景仰不已。

1.無極式

自然站立，全體放鬆，無思無慮，心中空空洞洞，心態平穩，意定神閑，站到有動的感覺再接下式（圖4－47）。

【要點】

無極式很重要，勿輕視。

2.關公捋鬚

上左步，再上右步，兩腳與肩同寬，肩井穴與湧泉穴上下對齊。膀子鬆紮後翻，如入地下十層樓下，兩膀催肘，肘催手，兩手是空的，兩肘下紮，從腮下如捋鬚狀，手到小腹。收下頜，頂頭懸（圖4－48、圖4－49）。

圖4－47　　　　圖4－48　　　　圖4－49

【要點】

膀子後翻下墜，肘不可抬，下捋是肘下紮入地。

【技擊作用】

敵向我的心口擊來，我鬆膀雙肘如刀，斫擊其小臂，讓敵失中，寸步進崩拳或虎撲子，進身擊人。追風趕月不放鬆，打到還嫌慢，身子中正下紮擰，不可前栽。

3.裹　肘

原地左肘下紮，墜右肘，合自己中線，斜45度向左前方裹擊，右肘內側為接觸點，右拳與嘴齊。左膀右擰紮（圖4-50）。

【要點】

右肘是被動勁，裹擊敵肘以上根節，破打合一。

【技擊作用】

兩裹肘連擊，再配合步法，把對方捆擠住，擊對方肘部以上，擊敵根節，一裹擊即使敵失中、丟根，有穿透意。

4.十字披紅

右腳後撤半步，右手掌朝前護左肘，左臂向下頜摟收，再向

圖4-50

前下方擰㧫；左步向前進，右腿跟步；脊椎下㧫擰，左膀向前擁勁，右膀向後掙力，右手收於小腹，準備出擊。收下頜，頂頭懸，眼視前方（圖4－51、圖4－52）。

【要點】

左收肘要垂直，不可斜。左肘向前㧫，右肘墜㧫拉，兩膀掙力。收下頜，頭與左肩掙力，身中正，不可前栽。左肘有勁，右胯下㧫，前後平衡。眼看前方。

【技擊作用】

敵向我擊來，我膀催右掌，斜上托對方肘部，有穿透意。身子進，左肘當手向對方襠部、胯根擰㧫穿透。右手藏，備用奇襲。

圖4－51　　　　　　圖4－52

圖4－53

5.進身頂抬膝、穿喉掌

左肘合中下沉紮，上踩左步，左胯鬆下紮擰，合中猛頂抬右膝；同時，右肘當掌，由下向上斜穿對方咽喉，穿透（肘尖鬆墜不可抬，肘窩朝上），左手護右肘備用奇襲（圖4－53）。

【要點】

立腿胯下紮要穩，右膝合中頂抬，兩胯掙力，右肘當手斜上穿眼或咽喉。墜右肘。

【技擊作用】

對方崩拳擊來，我左肘合中沉紮，左腳上步踩對方前腳掌趾骨；同時進身合中頂抬膝，兩胯掙力，擊穿對方襠到百會穴通出；同時上面右肘當掌，穿透對方眼或咽喉，左掌護心。上下合擊，上下同攻，令敵難防，對方一亂即一馬三箭或舔腿。

6.落踩膝箭步金雞食米

接上式，向前向下踩右腿，再上左腿合中下踩，再上右腿扁下踩；右胯下紮擰，左腿剪刀步向前，右腿緊跟；同時，左手護右腕，右崩肘捶合中

向前下或上45度擊穿，腰脊豎直下紮，不可前探，立身中正。收下頜，頂頭懸（圖4－54、圖4－55）。

【要點】

右膝下踩用腳跟，左腿合中下踩用腳跟，金雞食米是根節催動，身子勁，不是拳上勁。

【技擊作用】

對方一亂，即右腿向下踩對方膝或脛骨，對方一撤即上左腿下踩對方腳面，再下踩右腿，進左步崩肘向前擊穿對方心口或襠部，追風趕月不放鬆，快如閃電迅如雷。

7.金雞抖翎

接上式，全身放鬆，脊柱下紮撐。收下頜，頂

圖4－54　　　　　　　圖4－55

圖4－56

頭懸。兩膝內扣，右拳變掌，右肘由左向右後斜上方抖；同時，左肘向左下方側切，兩肘掙力，胯要陰陽變，有抖甩勁，離心力，勁在兩肘（圖4－56）。

【要點】

兩胯倒陰陽，腰脊下紮撑，有甩勁、離心力。頭不可低，兩膀掙力。

【技擊作用】

對方抓我右手，我進身引領對方手臂，左肘切打穿對方胯根或肋骨，備右臂奇襲。金雞抖翎勁是心意拳至高無上之勁，脊柱如鞭杆子，將身子甩起來。

8.左閃膝後躍步金雞束翅

右胯下紮撑，合中頂抬左膝，左掌向左後甩拍。不停，紮右胯，身子向左後退數尺遠，全身束成一團，左肘護心，左掌護肩，右肘下切，勁落左胯，全身縮一團。眼看前上方（圖4－57、圖4－58）。

【要點】

左掌後切要切斷敵腿，後退八尺，要縮一團，右肘下切斷，左掌護肩，看機會刺敵要害。

【技擊作用】

有人從身旁蹬我左胯，我抬左膝閃過，隨手左掌拍斷對方脛骨。另一面又擊來，我如金雞跳，大撤一步，閃開敵人，右臂斬釘截鐵，束成團，束展二字一命亡。

9.金雞報曉

左胯下紮，尾骨擰轉，左肘下墜紮，挺身右肘上挑，高與肩齊，頭頂囟門，兩胯掙力，眼看前方，收下頜（圖4－59）。

圖4－57　　　圖4－58　　　圖4－59

【要點】

挺紮腰脊，兩胯掙力，右手不可高過肩。

【技擊作用】

接上式，對方進來，我兩胯掙力，兩肘掙力，從對方襠部將其挑過我頭跌倒於身後，或跌飛一丈遠。

10. 上步鷹撲把

擰右胯碾右腳跟，左膝摩脛剪刀步向前，沉紮右肘回肘窩，勁氣從背後太極陰陽魚纏絲勁，從左肘通出，左肘合中與心口平向前下方，肘當手撲抓出，是脊柱撲，脊柱裡也撲。身子中正，襠勁下塌。眼看前方。左肘當手合中從右手背撲出（圖4-60）。

圖4-60

11. 上步右劈拳

左肘向下向回收墜，右腳併於左腳內側，左胯下紮擰，脊柱下紮，右腿被甩出，左腿跟進，同時右肘合中墜紮向下跌肘，拳高與嘴齊，勁紮後背虛處，身中正。邊落步邊擰墜紮，高與心平，左手護

心或右肘，不可前栽、後弓。是脊
柱之起落鑽翻（圖4－61～圖4－
63）。

【要點】

右肘合中裏擠墜紮，引敵失中
丟根。左手護心，準備奇襲。擠進
摸出，右臂下落不是手臂勁，而是
脊柱下紮勁。

【技擊作用】

圖4－61

對方抓我左手，我左肘墜紮拉，進步右肘合中
跌紮，擊穿敵身後，以虛擊虛。

12.纏肘震腳渾圓捶

左掌拍右肘，下震踩右腳纏墜右肘，紮右胯，

圖4－62

圖4－63

左腿向前穿紮，左手護右手腕向前下沉打右金雞食米。頭頂，眼看前方，豎挺紮腰脊（圖4－64、圖4－65）。

【要點】

纏肘右胯催動下踩紮右腿，使敵失中，我緊跟崩肘捶斜上或下45度擊穿。

【技擊作用】

對方抓拿我肘部，我左手掌拍按對方手，纏絲沉紮墜，右腳震地，也可踩紮對方腳面，對方一失中，我即右肘合中沉墜紮肘，向前崩穿出，將敵擊飛。

13. 金雞抖翎

同動作7（圖4－66）。

圖4－64　　　　　　圖4－65

14.左閃膝金雞束翅

同動作 8（圖 4－67、圖 4－68）。

15.金雞報曉

同動作 9（圖 4－69）。

圖4－66　　　　　　　　圖4－67

圖4－68　　　　　　　　圖4－69

圖4－70

16.上步左鷹撲把

同動作10（圖4－70）。

17.上步右劈拳

同動作11（圖4－71）。

18.纏肘震右腳渾圓捶

同動作12（圖4－72～圖4－74）。

19.金雞抖翎

同動作7（圖4－75）。

20.左閃膝金雞束翅

同動作8（圖4－76、圖4－77）。

圖4－71

圖4－72

圖4－73

21.金雞報曉

同動作9（圖4-78）。

圖4-74　　　　　　　　圖4-75

圖4-76　　　圖4-77　　　圖4-78

22.上步左鷹撲把

同動作10（圖4－79）。

23.拗式右崩拳（黑虎出洞）

接上式，寸左步，左肘下紮墜拉，右步緊跟；同時右肘合中向前下崩出，左膝與右肘合，左手護心，準備奇襲。眼看前方，身子中正（圖4－80）。

【要點】

寸步，後步緊跟一抵，可連續合中擠步，敵難防。

24.退步龍形崩肘捶

先撤右步半步，再大撤左步一步，龍擰身；同時，右肘下紮墜拉回肘窩，左肘合中向前下45度擊穿，左肘為接觸點（圖4－81）。

圖4－79   圖4－80

【要點】

退也打，先偷步，下紮墜拉讓敵失中、丟根，左肘合中崩擊。

【技擊作用】

對方抓我右肘，我先偷右步半步，我右肘墜紮拉，再大撤左腿一步（合中剪子步）；同時，左肘合中斜下45度擊穿，退也打。

25.十字披紅

同動作4（圖4－82）

26.關公捋鬚

同動作2（圖4－83）

27.收　功

雙手敲三下丹田，將煉得真氣存於丹田備用。

圖4－81　　　　圖4－82　　　　圖4－83

搓兩手掌發熱，從頭頂向後梳頭，雙空心拳輕敲打頭部；雙手搓捏耳朵，兩大指棱搓眉攢竹穴，手掌搓大椎穴，捏拽喉部，食指橫搓人中穴，左手抓捏右肩井穴，右手抓捏左肩井穴；左手抓捏右腋窩，右手抓捏左腋窩；左手點右曲池穴，左拳拍打右肋骨，右拳拍打左肋骨；左拳打左環跳穴，右拳打右環跳穴；雙拳由上向下打兩腿外側、內側；雙拳擊雙腳掌面，如搗蒜；雙拳扣擊腿足三里穴‧後委中穴等。右掌拍打心口鳩尾穴，由輕到重，膀根鬆打有穿透意，打入骨髓。烏龍擺尾，右掌擊左耳，左掌擊右肩井穴；左掌甩擊右耳，右掌擊左肩井穴。全身抓、捏、拍、打、點、按。散步，遛腿。

可走寸步、前進後退步、擠步、三角步、之字步、月牙步、踐步、虎籠中步等，式式是合中剪刀步（圖4－84）。

收功極重要，要認真做。否則，有種無收。本門功法收功都如此。

雞形四把捶，是日日功，須臾不可離也。可挑出式子單練，練精、練熟、練到位，到真正打鬥時，就能體會到它的妙處了。

圖4－84

第三節　演手捶

山西常有心意六合拳歷代先輩，為光大本門技藝，博採眾長，結合自身特點，精心編排了大量的套路，為後輩留下了寶貴的文化遺產。

演手捶就是結合長拳特點，為舒筋活血而創編的精彩套路，它以「常有師父」最擅長的五花炮、攬稍子（挖根子）為主，扭身調膀、上打下踢，旋風加二起腳，是常有心意門散功（舒筋活血）套路。

1. 無極式

內心空空洞洞，無私無慮，無我無他，心外無物，心境舒展，全身放鬆，兩腳並立，站到有動的感覺。兩眼平視前方（圖4－85）。

2. 關公捋鬚

上左步再上右步，兩腳平行落穩，距離與肩同寬，雙膀後翻如裝載機的軸。收下頷。兩手手心向腮，雙肘下紮，如理鬍鬚狀從腮邊下落，至與腰平，氣沉腳底。同時，頭向左前方凝視，要有關公捋髯之氣勢，頂頭懸（圖4－86、圖4－87）。

圖4－85

【要點】

雙膀後翻下紮，肘墜不可抬，收下頜，整套拳都是這勁氣。

【技擊作用】

對方若以崩拳打來，我雙掌（肘）如立刀斫擊其小臂，上寸步以虎撲撲擊對方。

3.十字披紅

左掌翻掌，掌心朝上向口收回，如摟物狀；右掌翻掌，掌心朝前撩護左肘。同時，右腳略向右後撤半步，隨之左腳收回併於右腳內側。不停，寸左步緊跟右步一抵。左掌變拳擰轉向左膝前沉打，左肘頂向前方，右掌變拳收於腰間，兩膀掙力。目視前方（圖4-88）。

圖4-86　　　圖4-87　　　圖4-88　　　圖4-89

【要點】

左收肘要垂直，不可斜，左肘向前紮，右肘墜
紮拉，兩膀掙力。收下頜，頭與左肩掙力，身中
正，不可前栽。左肘有勁，右胯下紮，前後平衡。
眼看前方。

【技擊作用】

對方崩拳擊來，我右肘當手上托來拳，有穿透
意，動敵根；同時，左拳斜下45度撑砸對方小腹
後一尺穿透。三節打人不見形。

4.並步砸手

右腳向左腳並步。同時，右肘當拳砸向左掌於
小腹前。眼看前方（圖4－89）。

【要點】

右肘不可露，是脊柱下紮。

【技擊作用】

對方崩拳打來，我右拳砸敵肱
二頭肌，有砸斷意，變雙馬形擊
敵身後一尺下方。

5.望眉斬截

左掌變拳，右拳上抬，雙拳一
上一下向前擊打，上與嘴平，下與
小腹平，下手勁要大（圖4－90）。

圖4－90

【要點】

脊柱下紮撐，是正金雞抖翎。

【技擊作用】

可在破解對方來拳後，擊打對方上中部。脊柱中正下紮。

6. 連三崩拳

接上式，隨之左右拳齊發，連打三記崩拳，即金雞三抖翎。兩膝內扣（圖4－91～圖4－93）。

【要點】

脊柱下紮，肘合中，一打三下，斜45度下擊穿。收下頜，頂頭懸。

【技擊作用】

敵一亂，崩拳合中連發，使敵無還手之機。

圖4－91　　　　圖4－92　　　　圖4－93

7.斜白鶴亮翅

接上動，身體左轉，雙膀後翻向左前捧擊，右腿向左前下踩步；同時，右胯下紮擰，左膝合中頂抬向左前方蹬出。此勢也叫斜舔腿（圖4－94、圖4－95）。

【要點】

翻膀上捧亂敵目，上步右腿下紮踩敵腳面，合中頂抬膝蹬敵。

【技擊作用】

右腳向左前下踩敵腳面；同時，膀根後翻捧擊敵眼，敵一亂，將敵向前蹬出。

8.搬肘炮

左腳落地下踩，右腳緊上一步。同時，左肘當

圖4－94　　　　　　圖4－95

掌向前下方按壓，右崩拳向前打出。收下頷，眼視前方（圖4－96、圖4－97）。

【要點】

右腿合中剪子步，右膝內側切敵根，左肘下壓，右肘當手甩撲，脊柱下紮發力。

【技擊作用】

左腳下踩敵膝或腳趾，上打搬手炮，同時發力，將敵擊倒。

9.攬稍子連三崩肘捶

左腳偷撤半部，重心倒左胯，右腳鬆抬，右肘合中翻右膀，勁倒右胯。落紮右步，剪子步上左腿，右肘下紮拉回右肋旁，左肘合中擊出，連打三崩肘捶（圖4－98～圖4－100）。

圖4－96　　　　　　圖4－97

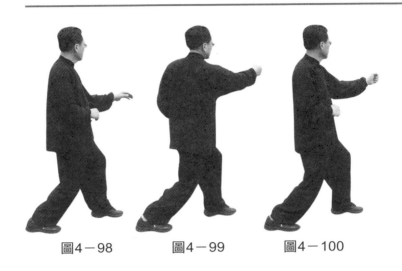

圖4－98　　　　圖4－99　　　　圖4－100

【技擊作用】

若敵以崩拳打來，我右肘合中翻膀，擠步，一馬三箭，連續擊打，直至將敵擊倒。

10.轉身攪勺子連三崩捶

勁紮左胯，轉身，前臂肘合中攪打對方中節，隨之上右步，一馬三箭，連三崩肘捶（圖4－101～圖4－103）。

【技擊作用】

如敵身後擊來，我可用此勢化解，左肘翻膀攪，讓敵失中，快速連三崩拳。

圖4－101

圖4－102　　　　　　圖4－103

11.上右步鷂子入林膀

接上勢，上右步，左肘合中下栽拉，右肘合中跌肘，右掌摸耳，左手護心。眼看前方（圖4－104）。

【要點】

肘不可抬。收下頜。

【技擊作用】

若敵擊我上盤，我不招不架，不封不閉，以打為破，右肘擊敵肋骨，左掌護心，備用。

12.上左步鷂子入林膀

動作要領及技擊作用同動作11，方向相反（圖4－105）。

13.上右步鷂子入林膀

同動作11（圖4－106）。

14.寸步右搬肘炮

上右剪子步，左肘合中下紮拉，打右崩肘拳
（圖4－107）。

圖4－104 圖4－105

圖4－106 圖4－107

【技擊作用】

崩拳連發，使敵無還手之機。

15.帶手左猴形腿

左右陰陽手（手心向上為陽手，反之則為陰手）向右後側捋帶，右胯左擰紮，進身，腰部用力，墜肘；同時，左腿合中頂抬膝，再翻胯向前下方蹬出，腳跟用力（圖4－108、圖4－109）。

【要點】

帶對方，肘不可抬，左手下按，勁紮敵腳下，身子進，右胯左紮擰。先合中頂抬膝再蹬肋。立腿要站穩。

【技擊作用】

敵方崩拳打來，我右手抓敵腕，左手抓敵肘，

圖4－108　　　　圖4－109

160

向右側後下帶，右胯下紮擰，
用腰勁向下捋帶，讓敵失中；
同時，左腳閃電般蹬敵軟肋或
襠部，或緊連三崩拳。

16.帶手右猴形腿

同左猴形腿（圖4－110、
圖4－111）。

17.順步右崩捶

下踩右腳，同時，左肘當
手合中下紮拉，手護於腹部，
打右崩拳。腳下踩落，不可空
落，兩肘錯剪勁擊打（圖4－
112、圖4－113）。

圖4－110

圖4－111　　　　　圖4－112　　　　　圖4－113

【技擊作用】

若敵以崩拳打來，我左肘下按，再用右肘部擊敵身後一尺，連續擠步擊打，直至將敵擊倒。

18.攬勺子連三崩肘捶

同動作9（圖4－114～圖4－116）。

19.轉身攬勺子連三崩肘捶

同動作10（圖4－117～圖4－120）。

20.金雞獨立雙護襠

勁紮左胯，右拳收回至小腹部變掌，左拳亦變掌，兩掌交錯護於小腹部下紮穿。同時，抬右腿，右膝合中上頂。目視前方（圖4－121）。

【要點】

兩腿倒虛實護己襠擊敵襠。

圖4－114　　　　　圖4－115　　　　　圖4－116

【技擊作用】

敵打我小腹，我雙肘一沉紮透；同時，進身抬膝頂敵襠部。

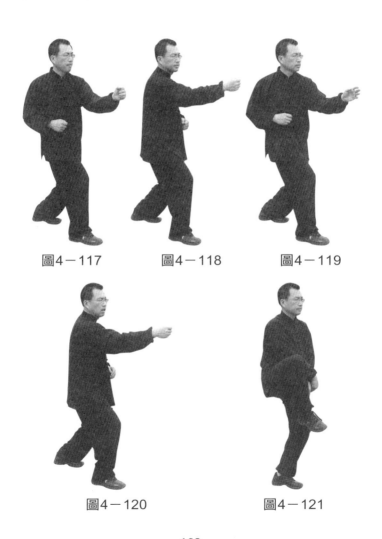

圖4－117　　　　圖4－118　　　　圖4－119

圖4－120　　　　　　圖4－121

21.換步雙啄手

右腳下踩，猛抬頂左膝。兩掌變猴形手向兩邊甩打，膀根催動（圖4－122）。

【要點】

兩胯掙力，兩膀掙力，立腿要穩。

【技擊作用】

如三人圍我，我膝頂正面之敵，兩掌甩打兩側敵之眼或喉部，或緊接連三崩拳。

22.上步左虎撲

接上式。兩肘收回肋旁。同時，落踩左腳上左步，緊跟右腿。同時，雙肘向左側紮甩，高與胸平。收下頜，頂頭懸（圖4－123）。

圖4－122　　　圖4－123　　　圖4－124

【要點】

肘為接觸點，騰出兩手，兩肘分虛實。後背下
榦發力。

【技擊作用】

對方若以崩拳打來，我雙肘如立刀斫擊其小臂。
上寸步以虎撲撲擊對方身後一尺下方，以虛擊虛。

23.右外擺腿

左胯下榦撐，右腿向右貼面擺踢出，腿當拳
用，意注左胯（4－124）。

【要點】

左胯如參天大樹立穩下榦，右膝為接觸點。

【技擊作用】

將敵後背擊倒，或右腿
劈面一腿。

24.上步二起腿

左膝上頂，右腿前上
踢穿，二踢腳踢破天。兩
手護身（圖4－125～圖4－
127）。

【要點】

兩膝有錯剪意，向高
踢。

圖4－125

圖4－126　　　　圖4－127　　　　圖4－128

25.落步金雞束翅、上步金雞上架

接上式，落踩右腳，進身肘當手斜45度切斷，左手護臉，伺機穿刺眼、咽喉。不停，左胯下紮，身子中正，右腿前穿踩，左腿緊跟一抵。右臂向斜上挑，左肘下紮拉。收下頜，挺紮腰脊（圖4－128、圖4－129）。

【要點】

兩胯掙力，兩肘掙力。

【技擊作用】

接上式，二踢腳上下踢敵，對方亂，我腳下踩紮敵腿、腳面，肘當手穿刺紮敵身後一尺，對方躲過，我上步挑翻他。

圖4－129　　　　　　圖4－130

26.右龍形帶手

左右陰陽手向右後下捋帶，隨之身體後坐，右胯左擰紮，腰豎直。眼視前方（圖4－130）。

【要點】

左手下按，右手下帶，不可抓死，一帶即鬆打，身進。

【技擊作用】

對方崩拳擊來，我右手上托來拳腕；同時，左手攏敵肘部，挺紮腰脊，身進，向後捋帶對方個跟頭，肘不可抬。

27.轉身右旋風腳

接上動，左胯下紮，右腿順勢向左後方旋甩踢

圖4－131

出，左掌與右腳掌相擊，響聲清脆（圖4－131～圖4－133）。

【要點】

膝為接觸點。

【技擊作用】

龍形擰身帶敵失中，旋風腿將敵擊倒。追風趕月不放鬆。

28.翻身左鷂子入林

落步下踩，勁紮右胯，上左步。右肘豎紮頂擊，左崩肘捶。目視前方（圖4－134）。

【要點】

身子下紮進，腰脊坐勁。

圖4－132

圖4－133

29.十字披紅（圖4－135）。

30.關公捋鬚

同動作2（圖4－136、圖4－137）。

圖4－134　　　　　　　圖4－135

圖4－136　　　　　　　圖4－137

31.收　功

雙手敲三下丹田，將煉得真氣存於丹田，備用。搓兩手掌發熱，從頭頂向後梳頭，雙空心拳輕敲打頭部，雙手搓捏耳朵，兩大指棱搓眉攢竹穴，手掌搓大椎穴，捏拽喉部，食指橫搓人中穴，左手抓捏右肩井穴，右手抓捏左肩井穴；左手抓捏右腋窩，右手抓捏左腋窩，左手點右曲池穴；左拳拍打右肋骨，右拳拍打左肋骨；左拳打左環跳穴，右拳打右環跳穴；雙拳由上向下打兩腿外側、內側。雙拳擊雙腳掌面，如搗蒜。雙拳扣擊腿足三里穴、後委中穴等。右掌拍打心口鳩尾穴，由輕到重，膀根鬆打有穿透意，打入骨髓。

烏龍擺尾，右掌擊左耳，左掌擊右肩井穴；左掌甩擊右耳，右掌擊左肩井穴。全身抓、捏、拍、打、點、按。散步，遛腿。

可走寸步、前進後退步、擠步、三角步、之字步、月牙步、踐步、虎籠中步等，式式是合中剪刀步（圖4－138、圖4－139）。

收功極重要，要認真做。否則，有種無收。本門功法收功都如此。

本門拳訣：不接不架，不丟不頂，打虎先傷爪。依本心，依本意，隨便行事而已。

圖4－138　　　　　　圖4－139

第四節　雜勢捶

1.無極式

自然站立，全體放鬆，無思無慮，心中空空洞洞，心態平穩，意定神閑，站到有動的感覺再接下式（圖4－140）。

【要點】

無極式很重要，心意六合拳在「虛、無」處下工夫。

2.關公捋鬚

上左步，再上右步，兩腳與肩

圖4－140

同寬，肩井穴與湧泉穴上下對齊，膀子鬆紮後翻，兩膀催肘，肘催手，兩手是空的，兩肘下紮，從腮下如捋鬚狀，手到小腹。收下頜，頂頭懸（圖4－141、圖4－142）。

【要點】

膀子後翻下墜，肘不可抬，下捋是肘下紮入地。收下頜，頂頭懸。

【技擊作用】

敵向我的心口擊來，我鬆膀雙肘如刀，斫擊其小臂，讓敵失中，寸步進崩拳或虎撲子，進身擊人。追風趕月不放鬆，打到還嫌慢。身子中正下紮撐，不可前栽。

圖4－141　　　　　圖4－142　　　　　圖4－143

3.裹　肘

原地左肘下紮，墜右肘，合自己中線，斜45度向左前方裹擊，右肘內側為接觸點，右拳擰螺旋與口齊。左胯右擰紮（圖4－143）。

【要點】

右肘是被動勁，裹擊敵肘以上根節，破打合一。

【技擊作用】

兩裹肘連擊，再配合步法，把對方捆擠住，擊對方肘部以上，擊敵根節，一裹擊即使敵失中、丟根，有穿透意。

4.十字披紅

右腳後撤半步，右手掌朝前護左肘，左臂向口摟收，再向前下方擰紮，左步寸前進，右腿跟步，脊椎下紮擰。左膀向前擁勁，右膀向後掙力，右手收於小腹，準備出擊。收下頜，頂頭懸，眼視前方（圖4－144）。

圖4－144

173

【要點】

左收肘要垂直，不可斜，左肘向前紮，右肘墜紮拉，兩膀掙力。收下頜，頭與左肩掙力，身中正，不可前栽。左肘有勁，右胯下紮，前後平衡。眼看前方。

【技擊作用】

敵向我擊來，我膀催右掌，斜上托對方肘部，有穿透意。身子進，左肘當手向對方襠部、胯根擰紮穿透。右手藏，備用奇襲。

5.懶龍臥道

左肘合中下摟裹，右膝合中頂抬向左腳前下踩踏。同時，右肘當拳向前下45度紮擊，身體中正，不可前栽。眼看前方，是身子拿人（圖4－145）。

圖4－145

【要點】

腰脊豎直下紮，用的是身勁，收下頜。右膝當腳向前下踩踏。

6.上步左鷂子入林

上左剪子步，右腿緊跟一抵。右肘墜紮豎直向前頂擊；同時，左崩肘捶向前打擊，與心

平。收下頜，頂頭懸，眼看前方（圖4－146）。

【要點】

右肘豎裿跌肘頂擊，如撬杠；左肘當手穿心而過，後手奇襲之。

7.虎三洗臉

右腿偷撤半步，左腿大撤一步。同時，左肘下裿拉，貼肋跌裿左肘，右肘下裿墜拉回右肋旁，不可出尖。收下頜，眼看前方。再右撤半步，左肘下裿拉回肋旁，跌裿右肘手掌護耳；再左撤半步，右肘裿拉回肋旁，跌裿左肘左掌護耳，邊退邊打，打破合一，眼看前方（圖4－147～圖4－149）。

【要點】

邊撤邊打，打破合一，顧打合一。腰脊坐

圖4－146　　　　圖4－147　　圖4－148

勁，不可抬。

8.望眉斬截

寸左步，右腿緊跟一抵。左肘沉肘橫下紮，右肘合中橫擊。收下頜。後脊柱下紮擰（圖4－150）。

【要點】

是正金雞抖翎，脊柱中正下紮擰發力。寸左步，左膝內側如刀切。

9.單束翅

撤右半步，左腿收併於右腿旁。左肘下紮拉，右肘墜紮拉收回肋旁，穩住勁（圖4－151）。

【要點】

撤步帶，自己要穩，有根。

圖4－149　　　　圖4－150　　　　圖4－151

10.一馬三箭

寸左步，緊跟右步。左肘墜桼拉回肋旁，左拗式右崩拳，左膝與右肘合。收下頜，頂頭懸，有坐勁。偷退右半步，右肘桼拉回肋旁。同時，退左一大步，重心倒於左胯，左肘合中，左崩拳向前下擊出，退也打人。左胯下桼，寸右步，緊跟左步，左肘墜桼拉回肋旁，不可出尖，右肘合中錯剪勁向前上或下45度打右崩拳。手是空的，肘為接觸點（圖4－152～圖4－154）。

【要點】

兩肘合中錯剪勁，如疾風暴雨。

【技擊作用】

敵一亂，即連續快速擊打敵心口、咽喉、襠、

圖4－152　　　　圖4－153　　　　圖4－154

肋等要害四兩處，招招有穿透意。拳諺曰：「學會
緊三手，英雄一路走。」如趁熱打鐵，不可停，不
可歇。

11. 上步白鶴亮翅

紮左胯，寸右步，左腿緊跟，膀後翻向上向前
45度捧擊彈，如鶴翅膀根彈擊。膀翻一彈擊，敵自
己手打自己眼（圖4－155、圖4－156）。

12. 寸右步左炮拳

寸右步，緊跟左步一抵。右肘豎紮頂擊穿敵肋
骨；同時，左肘合中擊穿敵心後一尺。收下頜，眼
看前方（圖4－157）。

【要點】

勢法低，右膝內側如刀切敵虛弱處，右膝與左

圖4－155　　　　　圖4－156

肘合，左腿能隨時發動為正確。右拳補擊。

13.裹肘顛捶

接上式，左腳偷步後撤半步，不停，右腳大撤一步。同時，上面左肘墜紮拉回肋旁，右肘合中裹擠，不停，右肘下紮擰，左肘向前甩砸擊，右拳護心，備用，奇襲（圖4－158）。

【要點】

左肘下紮帶，引敵落空，同時右肘合中斜45度裹擊，左胯右擰。敵一亂，我左肘當拳合中顛擊。

【技擊作用】

若敵抓我左拳，我偷左步，左肘下紮拉，讓敵失中，我右肘斜45°合中右肘內側擊敵，有穿透意。不停，右肘墜紮拉左肘被動勁，肘當手向前甩

圖4－157

圖4－158

砸擊穿，右拳護心，準備奇襲。

14. 猛虎出洞

寸左步，右腿緊跟。左肘下紮墜拉回肋旁，右肘當手合中與心平向前擊穿，左膝與右肘合。收下頷，右胯下紮墜，以右腿隨時能起腿為好（圖4－159）。

【要點】

收下頷，頂頭懸，挺紮腰脊。根節催動。

15. 龍虎相交

左胯下紮擰，右肘下紮拉回肋旁，不可出尖。右腿合中頂抬膝翻胯，腳跟前下蹬出、左崩肘捶合中向前擊穿。收下頷，頂頭懸，眼看前方（圖4－160）。此是常有心意拳必練之腿法，勿輕視。

圖4－159　　　　　圖4－160

【要點】

左立腿如樹生根，右腿先合中頂抬膝再翻胯蹬出，可高可低；膝與肘合，下找上合。

16.落步紮肘鷂子入林

右腿落下踩，雙肘合中下跌紮回小腹。重心落右胯，上左步。右肘跌紮頂肋，左崩肘捶前擊穿。收下頜，眼看前方（圖4－161、圖4－162）。

【要點】

雙肘跌紮，帶敵個跟頭，雙膀後翻跌落，身不可前栽。

17.虎三洗臉（圖4－163～圖4－165）

18.望眉斬截（圖4－166）

圖4－161　　　　　　圖4－162　　　　　　圖4－163

圖4－164　　　　圖4－165　　　　圖4－166

19.斜跨步上山打虎

左腿斜45度向前上步。左肘向左前捧擊，右肘當手向左前下方合擊，左膝與右肘合。收下頜，眼看左前方（圖4－167）。

圖4－167

【要點】

左膝內側切敵根，左肘抹眉，右肘裹擊，勁紮左胯，斜45度擊打。

20.黑熊探掌

左胯下紮擰，

左肘合中下扲墜拉回肋旁，右膝合中頂抬，兩胯掙力。同時，右膀合中鬆甩向上45度穿扲。收下頜，眼看前方（圖4－168）。

【要點】

兩胯掙力，兩肘錯剪勁，重心落左胯，左腿如樹扲根。

21. 推窗望月

左胯下扲擰，右腿後撤半步，左腿收回併於右腿旁。不停，再扲右胯，上左步，緊跟右步。左肘向前滾擠，右肘當手向前下擊穿（左掌備用偷打）。收下頜，眼看前方，連做三遍（圖4－169～圖4－174）。

【要點】

後撤捋帶敵肘、腕，寸步進，左膝內側如刀切

圖4－168　　　圖4－169　　　圖4－170

根，左肘斜45度滾擠，右肘當手舔掌，肘不可抬，左掌補擊。

22.十字披紅（圖4－175）

圖4－171　　　　圖4－172　　　　圖4－173

圖4－174　　　　圖4－175

23.懶龍臥道（圖4－176）

24.海底摸鯨魚（內橫拳）（圖4－177）

25.拗式右崩肘拳（圖4－178）

26.龍虎相交（圖4－179）

圖4－176　　　　　　圖4－177

圖4－178　　　　　　圖4－179

185

27.落步紮肘鷂子入林（圖4－180）

28.虎三洗臉（圖4－181～圖4－183）

29.望眉斬截（圖4－184）

30.單束翅（圖4－185）

圖4－180　　　　圖4－181　　　　圖4－182

圖4－183　　　　圖4－184　　　　圖4－185

31. 青龍出水

順步左崩肘捶（圖4－186）。

32. 猛虎出洞

順步右崩肘捶（圖4－187）。

33. 風擺荷葉

右腿向左腳左側交叉步。雙肘向左收回畫圈再向右前方擺擊，膀根催動。頭向右前方甩看，擰紮腰脊（圖4－188）。

【要點】

墜肘，上下右錯剪勁。右膀左擰紮。

圖4－186

圖4－187

34.左轉身順步左崩拳（圖4－189）

35.砸肘上步右鷂子入林（圖4－190）

36.翻身鷂子鑽天（圖4－191、圖4－192）

圖4－188 　　　　　 圖4－189

圖4－190 　　　 圖4－191 　　　 圖4－192

37.十字披紅（圖4-193）

38.關公捋鬚（圖4-194、圖4-195）

39.收　功

雙掌指敲三下丹田，將煉得真氣存於丹田，備用。搓兩手掌發熱，從頭頂向後梳頭，雙空心拳輕敲打頭部，雙手搓捏耳朵，兩大指棱搓眉攢竹穴，手掌搓大椎穴，捏拽喉部，食指橫搓人中穴。左手抓捏右肩井穴，右手抓捏左肩井穴；左手抓捏右腋窩，右手抓捏左腋窩，左手點右曲池穴；左拳拍打右肋骨，右拳拍打左肋骨；左拳打左環跳穴，右拳打右環跳穴。雙拳由上向下打兩腿外側、內側。雙拳擊雙腳掌面，如搗蒜。雙拳扣擊腿足三里穴、後委中穴等。右掌拍打心口鳩尾穴，由輕到重，膀

圖4-193　　　　　圖4-194　　　　　圖4-195

根鬆打有穿透意，打入骨髓。

烏龍擺尾，右掌擊左耳，左掌擊右肩井穴；左掌甩擊右耳，右掌擊左肩井穴。全身抓、捏、拍、打、點、按。散步，遛腿。

可走寸步、前進後退步、擠步、三角步、之字步、月牙步、踐步、虎籠中步等，式式是合中剪刀步（圖4－196、圖4－197）。

收功極重要，要認真做；否則，有種無收。本門功法收功都如此。

套路是武文化傳承之載體，不可輕視。

要全身放鬆，收下頜，頂頭懸，耳聽身後，內心平靜，下面剪刀步，胯坐住勁，身體中正下紮擰，可慢打、快打、剛打、柔打；可用胯打、膀打、腳掌打、尾閭打；可一次打15遍，量變到質變，激發潛能；也可把把不離敵鼻子，把把不離敵心口，把把不離敵腳後跟，打敵最虛弱處。

圖4－196　　圖4－197

第五章　器　械

一、進退連環鞭杆槍

鞭杆，最好是白蠟杆，長度是自己手掌握十三把。其攜帶方便，又能護體，是群眾喜愛的運動器械之一，在山西省內普及較廣。本門鞭杆槍是在鞭杆頭加槍頭，一杆多用，把把擊穿、紮透。要打出威風，打出勁氣。須手心向下握杆，身不離杆，杆不離身，身杆合一。

1.無極式。槍尖在下（圖5－1）。

2.抓杆下紮敵腳面（圖5－2）。

圖5－1

圖5－2

191

3.用杆尾上挑穿敵下頜（圖5－3）。

4.身子帶裏杆（如同裏肘）（圖5－4）。

5.回身點打太陽穴（圖5－5）。

6.上右步戳壓紮杆（圖5－6）。

圖5－3　　　　　圖5－4

圖5－5　　　　　圖5－6

7.右絞棍左歇步點打腳面（圖5－7）。

8.挑杆進右步紮戳肋棍（圖5－8、圖5－9）。

9.左扣棍，左交叉步左絞身棍，背後橫擊棍
（圖5－10、圖5－11）。

圖5－7　　　　圖5－8　　　　圖5－9

圖5－10　　　　　　圖5－11

10.轉身左扣棍，右絞前扣棍（圖5－12～圖5－14）。

11.撤步左點棍（圖5－15）。

12.右絞棍金雞獨立（圖5－16）。

圖5－12

圖5－13

圖5－14

圖5－15

13.左背撩棍。

14.上步左攪挑棍（圖5－17）。

15.絞化左戳棍。

16.上右步，絞化右戳棍（圖5－18）。

17.左穿紮槍（圖5－19）。

圖5－16　　　　　　　　圖5－17

圖5－18　　　　　　　　圖5－19

18.化棍右穿槍（圖5－20、圖5－21）。

19.化棍左穿紮槍（圖5－22、圖5－23）。

20.上步右橫棍（圖5－24）。

21.上步左橫棍。

圖5－20　　　　　　　　　　圖5－21

圖5－22　　　　　　　　　　圖5－23

22. 上步右劈棍。

23. 退步護膝棍（圖5－25、圖5－26）。

24. 上左步，推左掌，扭頭右背棍（圖5－27）。

25. 右交叉步，右絞身棍，向右前甩劈棍。

圖5－24　　　　　　　圖5－25

圖5－26　　　　　　　　圖5－27

26. 上左步側架棍（圖5－28）。

27. 右下掄掃踝棍（圖5－29）。

28. 左後挑撩襠棍（圖5－30）。

29. 裏棍（圖5－31）。

圖5－28　　　　　　圖5－29

圖5－30　　　　　　圖5－31

30.點太陽穴棍（圖5－32）。

再打一遍，收式（圖5－33、圖5－34）。

圖5－32

圖5－33

圖5－34

二、鴛鴦鉞

技法講究：割拉挑絞，擒拿勾掛，削攢劈剁，抹撩帶化。對練套路有：鴛鴦鉞對槍、鴛鴦鉞對劍。

1.無極式（圖5－35）。

2.仙鶴觀月（圖5－36）。

3.金雞獨立（圖5－37、圖5－38）。

4.金雞食米（圖5－39、圖

圖5－35

199

5－40）。

5.金雞抖膀（圖5－41、圖5－42）。

圖5－36　　　　圖5－37　　　　圖5－38

圖5－39　　　　圖5－40　　　　圖5－41

6.回頭望月（圖5－43）。

7.翻身紮月（圖5－44）。

8.弓步獻月（圖5－45）。

9.神仙送月（圖5－46）。

圖5－42　　　　圖5－43　　　　圖5－44

圖5－45　　　　　　圖5－46

歌　訣

鴛鴦雙鉞妙無邊，學練此技多走圈。

虛心實腹通經絡，上中與下分三盤。

肘膝相隨腰主動，勢勢相連有撑旋。

鉞行如雲翻似燕，腰間旋轉像蛇纏。

推託帶領鑽穿裏，雙擺雙扣似陀螺。

身如滾軸節節動，意似流水勢綿綿。

若能悟得嬰兒玩，無意之中是真傳。

三、槍　法

日戳槍300次。攔（圖5－47）、拿（圖5－48）、紮（圖5－49）、進步紮（圖5－50）。

圖5－47　　　　　　　圖5－48

圖5－49

圖5－50

四、棍　法

1.擊心窩。2.擊襠部。3.劈斷頭頂。4.擊兩肋。5.擊腿。6.擊腳踝。7.擊腳面。8.擊鎖骨。

五、心意五行尺

橫、劈、鑽、崩、炮、鐵門栓、纏肘尺、懷抱琵琶。

1.橫（圖5－51、圖5－52）。

2.劈（圖5－53～圖5－55）。

3.鑽（圖5－56、圖5－57）。

圖5－51　　　　圖5－52　　　　圖5－53

4.崩（圖5－58、圖5－59）。

5.炮（圖5－60、圖5－61）。

圖5－54　　圖5－55　　圖5－56　　圖5－57

圖5－58　　圖5－59　　圖5－60　　圖5－61

6.鐵門栓（圖5-62、圖5-63）。

7.纏肘尺（圖5-64～圖5-67）。

8.懷抱琵琶（圖5-68）。

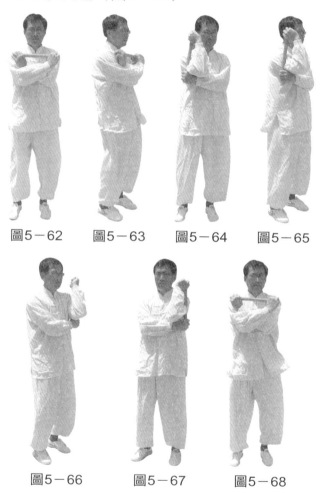

圖5-62　　圖5-63　　圖5-64　　圖5-65

圖5-66　　圖5-67　　圖5-68

第六章　五虎霸道內功

五虎霸道內功也叫抓功，是常有心意六合拳內功之一，為武玉山師祖之弟子交城內林孫世英大師所傳。外練筋骨皮，內煉一口氣，練成則內氣充盈，神清氣爽，不畏擊打，提高技擊和抗擊打能力，是本門之絕秘內功。

1.無極式

內心空空洞洞，無私無慮，無我無他，心外無物，心境舒展，全身放鬆，兩腳並立，站到有動的感覺（圖6－1）。

2.通氣式

並步，勁紮左胯，地翻天的勁氣。兩臂根節催動，向上抬起與肩平，如吸氣吸起來一樣；呼氣時勁倒到右胯下紮，兩臂徐徐下落，似呼氣呼下來一樣；吸氣如起飛，吐氣如落燕。兩三次後腳底有發熱的感覺，說明氣通了。再繼續練功，否則白練（圖6－2～圖6－5）。

圖6－1

207

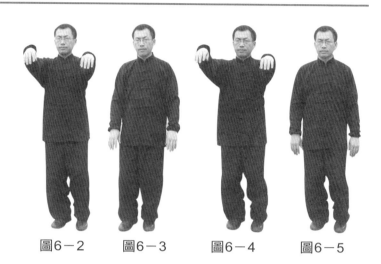

圖6－2　　圖6－3　　圖6－4　　圖6－5

圖6－6　　圖6－7

【要點】

兩胯陰陽倒，吸氣要吸滿，呼氣要呼盡，兩手不超過肩。

3.關公捋鬚

跌膀子墜紮肘，手與嘴齊，雙肘向下紮落。收下頜，頂頭懸，將氣沉入腳底通出，做三次（圖6－6、圖6－7）。

【要點】

膀子後翻下墜，肘不可抬，下捋是肘下紮入地。

4.並步揉腰

兩肘收於肘窩，肘尖下墜扣，兩拳翻扣調陽陽之氣。兩膝併緊，兩腳摽地不動，向前圈大些，左向右轉腰12圈，再右向左轉腰12圈。收下頜，頂頭懸，體會腳底發熱、發燙、如吸盤吸地的感覺（圖6－8～圖6－11）。

【要點】

兩腳不動，向前圈大些，反弓勁，順逆數一樣平衡轉。

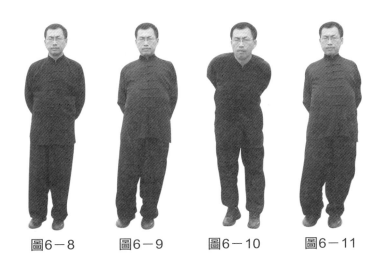

圖6－8　　　圖6－9　　　圖6－10　　　圖6－11

5.三山五嶽

兩手收於小腹，兩肘貼肋，左肘下紮墜扣。右膀下紮墜，勁氣上翻，催動右膀再催肘到手，右手掌心向下，掌側如刀，合中線與心平，向前撐出，到極點，擰右膀，墜肘拉回，邊拉邊收小指、無名指、中指、食指、拇指，收到小腹前，回拉時重心移至左膀下紮。墜紮右肘，墜紮左膀，勁氣上翻，催動左膀再催左肘，再催到左手，節節貫穿，左手掌心向下，掌側如刀，合中線與心平向前撐出，到極點時擰左膀，墜左肘拉回，邊拉邊收回小指、無名指、中指、食指、拇指，收到小腹前。

拉時重心倒於右膀下紮擰，重心落於雙後腳跟，勁氣上翻，膝倒彎子，催膀、催肘、催手，雙掌心向下，掌側如刀與心口平撐出，到極點擰扭雙膀，重心移至雙腳掌。墜肘回收，邊拉邊收小指、無名指、中指、食指、拇指，收回到小腹，雙肘到肋旁下墜。

重心移至右膀，勁氣翻上，催膀墜肘雙臂如托山，向前撐到極點，與心口平。擰扭雙膀，重心移至左膀，邊拉邊收小指、無名指、中指、食指、拇指，收於小腹，肘落肘窩。連做三遍。關公捋鬃，收式（圖6－12～圖6－26）。

【要點】

一肘墜，另一臂合中伸出，肘不可起，伸到極點，再膀根擰；雙臂按住向前推，膝倒彎子，到了極點再雙膀根擰，回拉勁倒腳前掌。

圖6－12　　圖6－13　　圖6－14　　圖6－15

圖6－16　　圖6－17　　圖6－18　　圖6－19

圖6－20　　圖6－21　　圖6－22　　圖6－23

圖6－24　　圖6－25　　圖6－26

6. 頭頂掌心雷、背後七顛百病消

　　兩手臂從身側，根節催動在頭頂相碰擊響，雙手交叉，掌心向上托掌，意念穿透掌背，膀根催動，尾閭下墜，拉伸脊柱，耗9至12秒。再腳前掌

紮地，抬腳後跟，節節貫穿，起落7次，鬆脊椎，
關公捋鬚，收式（圖6－27～圖6－33）。

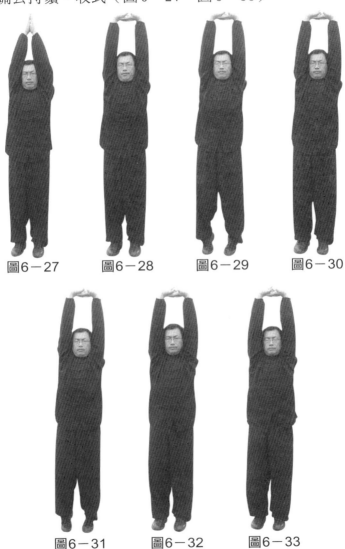

圖6－27	圖6－28	圖6－29

圖6－30

圖6－31　　圖6－32　　圖6－33

圖6-34　　圖6-35

【要點】

頭頂掌心雷，是兩膀根催動合擊。上提下墜拉抻脊柱；背後七顛，鬆落腳跟。

7.虎伸懶腰

兩腳掌前後倒虛實，兩膝倒彎子，兩膀鬆貼腿前面向下、向前、向上、再返回，如下拋物線，頭顱挺向前看，把勁蕩起來，兩腳紋絲不動，如虎豹伸懶腰狀。伸懶腰勁是心意真勁，做9遍，關公捋髯，收式（圖6-34～圖6-39）。

圖6-36　　圖6-37　　圖6-38　　圖6-39

【要點】

兩腳不動，兩膝倒彎子，下拋物線，如鍋底，向前蕩起來，輕鬆愉快地做。下頜後翻。

8.抱　膝

雙手貼於腰部，向下捋腿後筋，一直到腳後跟，捋三遍，膀催兩手抓住腳後跟，頭面貼脛骨，貼緊抱緊，耗60秒，下頜向下、向上、向後翻，起身關公捋鬚，收式（圖6－40～圖6－44）。

【要點】

面貼脛骨，越疼越鬆，抱住耗一會。下頜要翻，拉筋。腳底要滿腳吸地為正確。

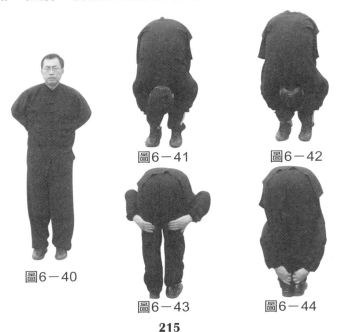

圖6－40

圖6－41

圖6－42

圖6－43

圖6－44

215

9.二郎擔山

兩腳摽地不動。收下頜，頂頭懸。膀根催動兩膀向兩側平伸，塌腕立掌，耗膀根，兩膀如兩匹馬拉，脊柱中正勁下紮撐，紋絲不動，耗60秒，關公捋鬚，收式（圖6－45、圖6－46）。

圖6－45　　　　　　　　圖6－46

【要點】

眼左右看食指上挑如過電。

10.收　功

雙手指敲三下丹田，將煉得真氣存於丹田，備用（圖6－47）。搓兩手掌發熱（圖6－48）。從頭頂向後梳頭（圖6－49）。

雙空心拳輕敲打頭部（圖6－50）；雙手搓捏

216

耳朵（圖6－51）。兩大指棱搓眉攢竹穴，手掌搓大
椎穴（圖6－52），捏拽喉部，食指橫搓人中穴（圖
6－53）。

　　左手抓捏右肩井穴（圖6－54），右手抓捏左肩
井穴（圖6－55）；左手抓捏右腋窩（圖6－56），
右手抓捏左腋窩（圖6－57），左手點右曲池穴；左
拳拍打右肋骨（圖6－58），右拳拍打左肋骨（圖
6－59）；左拳打左環跳穴，右拳打右環跳穴。雙
拳由上向下打兩腿外側（圖6－60）、內側（圖
6－61、圖6－62）。

　　雙拳擊雙腳掌面，如搗蒜（圖6－63、圖6－
64）。雙拳扣擊腿足三里穴、後委中穴等。右掌拍
打心口鳩尾穴（圖6－65），由輕到重。

　　膀根鬆打有穿透意，打入骨髓。烏龍擺尾，右
掌擊左耳，左掌擊右肩井穴；左掌甩擊右耳，右掌
擊左肩井穴（圖6－66～圖6－69）。

　　全身抓、捏、拍、打、點、步、三角按。散
步，遛腿。可走寸步、前進後退步、步、擠之字
步、月牙步、踐步、虎籠中步等，式式是合中剪刀
步。

　　收功極重要，要認真做。否則，有種無收。本
門功法收功（圖6－70）都如此。

217

圖6－47　　　　圖6－48　　　　圖6－49　　　　圖6－50

圖6－51　　　圖6－52　　　圖6－53　　　圖6－54　　　圖6－55

圖6－56　　　圖6－57　　　圖6－58　　　圖6－59

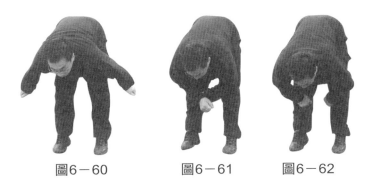

圖6－60　　　　圖6－61　　　　圖6－62

219

圖6-63　　圖6-64　　圖6-65　　圖6-66

圖6-67　　圖6-68　　圖6-69　　圖6-70

第七章
師祖論心意六合拳

第一節　九九歸一說

一、得其一而萬事畢

在武術上，「一」是真氣、是內勁，氣存丹田德潤身，德即是一，是真勁。有內勁、真勁，才有一切。虎豹等貓科動物之伸懶腰是真勁。可模仿之。鬆抻筋骨，讓真勁在體內自由地流淌。

二、陰　陽

陰陽即太極、虛實、進退、伸縮、高低、吞吐、前後、智勇、破打。兩膀掙力，兩胯掙力，上下掙力。不知陰陽白學藝，不知進退枉伶俐。

中庸之道，即恰到好處，不偏不倚，陰陽和諧，打的每把拳裡，虛中有實，實中有虛，不可雙重。如太極陰陽魚纏絲勁，頭追尾，自然；頭追頭，頂勁；尾追尾，丟勁。

三、三　節

根節、中節、梢節。根節催，中節不可空，在根子上下工夫。三才式，天地人。三體式，心意拳之根本也。每日三省吾身，三人行必有我師。三是變化之數，好事不過三。

練通三節，能脫胎換骨，脫胎換相，手心、腳心、身體都會有很大的變化。練武藝是修煉大腦，是儒釋道合一之術。

四、四　象

雞腿、龍身、熊膀、虎豹頭。套路有雞形四把捶、燕形四把捶、蛇形四把捶。

1.雞　腿

式式、把把是雞腿，有明金雞獨立，有暗金雞獨立。在立腿要分虛實。

2.龍　身

變幻莫測，神龍見首不見尾，見尾不見首，讓敵如墜雲裡霧裡。身法極重要。

3.熊　膀

取熊思想單純，外憨內實。兩膀如入地下十層，收下頷，頂頭懸。頭與膀反向擰，打每把勁都

是地翻天的勁氣。

4.虎豹頭

如虎、豹等捕獵時，小心翼翼。收下頜，頂頭懸，心靜，斂神聽微雨之狀態。不知頂頭懸，白練三十年。

沒有「虎豹頭」，精神提不起，打人發不出力，膽小；有了「虎豹頭」，「惡」向膽邊生，膽大心細，神氣逼人，激發出潛能，無物能逃。每一式都是雞腿、龍身、熊膀、虎豹頭的集合體。

五、五　行

土、金、水、木、火。五行相生相剋，互相依存和互相制約。五行相生，土生金，金生水，水生木，木生火，火生土，互相滋潤、助長；五行相剋，土剋水，水剋火，火剋金，金剋木，木剋土，相互制約、阻礙。土為萬物根本，中央戊己土，可滋生諸行，為五行之母。常有門五行拳從橫拳開始，起手橫勁勢難找。

橫勁逮著了，別的勁就好找了，橫勁一斤大於縱勁十斤。五行對五臟，和四季、節氣大有關係。兩分兩至（春分、秋分；夏至、冬至）極重要，秋分是肅殺之季，更要重視。五行拳，要練正確，它

是根基，不可偏重。

五行拳如數學裡的加、減、乘、除、平方、開方等，練正確可生萬千變化，將疾病化於無形中，天人合一。五行拳練好，自然會「做題」，自然擅打鬥。五行本是五道關，無人把守自遮攔。

六、六　合

內三合，外三合。內三合是心與意合，意與氣合，氣與力合；外三合是胯與膀合，膝與肘合，腳與手合。常有心意六合拳，極重視軟功，練胯的開合，胸背開合，膀的開合。武術，開合二字盡矣。

下找上合，膝與肘合，胯與膀合。頭與膀反向擰，腰與胯反擰。手腳要騰出來，妙手空空。百會到會陰之中軸線中正勁不可丟。脊柱如合頁的軸，前開後合，前合後開。開門讓敵進來，關門使敵出去。一動無不動，一合無不合。

七、七　星

頭、肩、肘、手、胯、膝、足七個部位。頭、肩、胯為「大石頭」，肘、膝為「小石頭」，手、足是「雞蛋」。要以石擊卵，不可以卵擊石。胳膊擰不過大腿，要練「大腿」。甩掄「大腿」與人打

鬥。一動七星都動，令敵意亂神迷。

八、八　卦

乾、坤、離、坎、震、巽、兌、艮。乾三連，以養生、健體為主，上下拉伸，左右拉伸，十字拉伸，關鍵是思想拉伸，基本功。

坤六斷，以技擊、搏鬥為主，全身每個關節能旋轉，能反弓斷弦。如地雷、原子彈爆炸，四面八方，無物能逃。如轉八卦單換掌，擰270度，胯與腰反向擰，頭與肩反向擰。兩膀如兩匹馬拉，兩肘鬆紮墜扣，是斜三體式。轉起來，三步一圈，開始是人追樹，練成是樹追人。將脊柱擰麻花成純陽之體，百病不生，能享天年。養煉結合，龜鹿同春。

九、九九歸一

常有心意拳，每把動作、軟功、五行拳、十二形拳等最多做九次，保持自然靈機。九是陽數之最，深呼吸練功，以慢為主，不可急躁，極吃功夫。每個動作轉換時，金雞獨立，耗，呼吸三次。再向下進行。練九次是為了得一下真勁。有了真勁才有一切，「真勁」是高壓電，是原子彈。

千下萬下，只為一下。是有內勁、真勁的一

下，是通高壓電的一下，是原子彈的一下爆炸。有了真勁，綿羊變成虎狼。

第二節　常有師祖論心意拳練法及用法

常有師祖說：練拳要眼奸、手毒、心狠，練虎形要兇狠逼真，殘忍如同狼吃豬。老前輩傳言：常有師祖練拳，令旁觀者望而生畏，功把大，速度快，落點刁毒，達到爐火純青之神化境界。

1. 兵者，詭道也；拳法者，詭道也；真真假假，虛虛實實，令敵防不勝防。

2. 逆來順受，引進落空，不退反進，化解消耗對方猛攻之勢，以柔克剛，引入一線之地，不能反意、反氣、反力，不給敵一絲機會。

3. 神氣圓滿，中正不偏，後續勁氣源源不斷，循環無端，如濤濤之江水。

4. 亂而取之，猛而攻之，先使敵驚了，亂了陣腳，上乘打法字在「驚」。

5. 五行拳多打，還要打正確，合規矩，疾病化於無形中，天人合一。

6. 智勇並重，先智後勇，不放空炮，不打無把

握之仗。

7. 心意六合拳是一陰一陽兩個式子，一通百通。身形不主動，不妄動，便是身形中正，不偏不倚，尾閭鬆紮，如虎坐窩之勢。

8. 先顧後打，先打顧法，渾身是法，最後顧打合一，打顧不分。

9. 中節不可空，兩肘、尾閭墜紮，收下頜，頂頭懸，兩膀鬆沉如入地下十層，一藝精勝過百藝通。

10. 先束後展，縮得回才能展得出，「束展」二字一命亡，拉弓放箭之道，盡在於此，脊柱是弓弦。

11. 功夫在腳下，腿法、步法、身法占七分，手法只占三分，肘膝齊到才為真，脊柱中正下紮撐，胯與腰反向撐，步子一步紮三米為合格。

12. 膽略，膽在前，略在後，狹路相逢勇者勝，關鍵時膽大勝一籌。膽量得專門訓練。

13. 中定後才有一切，靜要聽螞蟻打架如龍吟虎嘯，靜似處女；動如脫兔，疾風閃電，迅雷不及掩耳之勢。見血分身，視敵如草芥，藐視一切，無物能逃。

14. 身體以線對敵，不可以面對敵。

15. 心意六合拳是形式簡單、體用精妙的拳種，從簡單中練出不簡單。

第三節　武玉山論心意拳練法及用法

武玉山是常有師祖親傳弟子，全面繼承了師父的武功精華，培養了大批心意六合拳人才，是常有心意門承上啟下的關鍵人物。他數遭險境都能化險為夷，這與他過人的武功和超群的智慧大有關係。他總結的「心意秘法」仍對我們起到至關重要的作用，拳尚中和，即自然平衡，依本心，依本意，隨便行事而已，即自然而然。

1. 文武解：習文學成的像窮人一樣多，習武學成的像富人一樣少。

2. 銅頭鐵臂一架功：應為「通頭貼背一架弓」。

3. 火到金回：多打進身舐肘掌，撲面甩肘搬手炮，一腳能把石墩子踢飛十幾米為功成。

4. 一件通，件件通，在幾手上狠下工夫，練通、練精，不可貪多求快，如三穿掌、窩心肘、舐腿、搓地風、力劈乾柴腿等。

5. 要從內向外練，從下向上練，內三合，外三

228

合都要合到敵方身後一尺，貼住對方才爆炸，以虛
擊虛。

6. 在腰、腿、胯上下工夫，要練驚人藝，須下
苦功夫，吃別人吃不了的「苦」，有脫胎換骨之毅
力。多思謀，多總結，好漢也怕回頭看。每日三省
吾身，打時不想打後想，以智取人。

7. 不丟不頂，不接不架，打虎先傷爪。打對
方空處、虛弱處、四兩處，如腋下、膀根、胯根、
肋骨、眼、襠等。上不架，低不攔，中間一點最難
防。勢法練時低，用時中，身法中正永無凶。

8. 寸步、三角步、碾步、擠步、月牙步、小
八卦步，多練。兩頭回轉緊相迎，如燕子抄水般
靈巧、敏捷。步要過人，入地九尺，步是合中剪刀
步，步要踩透。

9. 別人是練家子，咱是用家子，敢打敢用，無
所顧忌，行意合一，心知、身知。

10. 一手藏三手，一手變三手，趁熱打鐵，快
速緊追，好漢也怕緊三手，如閃如電迅如雷。

11. 你打我，打不著，我打你，跑不掉，不管
敵人怎麼來，都合我的道。熟能生巧，得心應手，
如能合道。只操功，不練招，功成自會打。

12. 打人如走路，不是走路打人，而是像走路

那樣純熟自然，輕鬆不拿勁，平穩的心態，冷靜智慧生。

13. 拳打三下不是真，瞅見形影不為能，本門武術若修煉成，一下子解決問題，最多兩下；如果是三下，就沒得真傳。打了對方不讓他看見是如何打的，如看清了，不為能耐，還須修煉。打人先封目，先破壞敵人的指揮系統。

14. 若能悟得嬰兒玩，打法真形是無成。

15. 培養在根子上解決問題的習慣。

16. 起如挑擔，行如槐蟲，把把如此；若遇人多，三搖兩旋。

17. 千金難買中定勁，心意六合拳是「心」擊人。

18. 打人時想出如老虎尾巴掃地，如第三條腿，虛生出實。

19. 與敵打鬥，先刺其目，亂其心。打人先打眼，不打眼，藝必淺。千招不如一掌穿。

20. 武藝是智者不肯多言，不知者茫然不解。

21. 拳術是動中求靜之術，打完拳，內心平靜如水。

22. 愈是上乘的功夫，愈是簡易圓融。

23. 引進落空合即出，利用人的慣性使對方落

空，引進在臂，落空在手，讓敵失中心、重心，隨後擊之。

24.常有師父動手即要對方「命」，不給對手一絲機會。如關公斬顏良、誅文醜，是功力、要害、速度的合一，智慧高人一籌。

25.學會虛晃對手，設套子，使對手鑽進去，我收網。

26.三分練七分養，練完，收功要全身抓、捏、拍、打，散步、遛腿，散功大於練功。

27.教拳不教步，教步打師父。要在身法、步法上下苦功，寸步、雞步、月牙步、三角步、進退步、擠步、碾擰步、之字步等多練，練正確。把把不離雞腿，步是單重摩脛步。仔細揣摩，練到收放自如，得心應手。總之，要勇猛如虎，狡猾如狐，知己知彼，百戰不殆，運用之妙，存乎一心。

第八章

軼事、感悟、雜談

一、常有師祖武功傳奇

晉中有名的武生外號叫「沒骨頭」,軟功很好。很多武術大師與他交手,打他不著,反被他傷,他很驕傲,對別人說:「常有師父不是很厲害嗎?哪天我會會他,讓他嘗嘗我的手段。」

有一天,他在河邊練功,吊嗓子,常有師祖也來到河邊溜達,有好事者對武生說:「你不是要和常有師父比試嗎?他來了。」

武生扭頭看見一個低個老者,便說:「你是常有師父嗎?」

常有師父說:「是。」

武生說:「聽說你功夫了得,咱們交交手。」

常有師父說:「那你進吧。」

武生一腳飛踢踏,常有師父一撐崩肘捶即打到武生的心口。武生口吐白沫和鮮血,飛出丈遠,倒在地上。常有師父給他藥方說:「回家趕緊抓藥吃

下，否則沒命了。」

說完慢悠悠走了。

義和團失敗後，單刀李存義到太谷縣找師伯車毅齋避難。

有一次朝廷探子查得李存義在太谷藏身，準備回朝廷報案領賞，常有師祖尾隨至烏馬河邊，親手將「鷹犬」擊斃，保護了民族英雄的安全。

常有師祖腰胯功夫極好，前進一丈，後退八尺，橫叉豎叉輕鬆自如，兩肘尖能觸地；倒踢紫金冠，胯催動，腳能踢到後腦勺，並能夠搬貼到後腦勺，收胯如鶴雞獨立。

膝藏於心口，用時神出鬼沒，如第三隻手，出腿必傷人、毀人，不給對方機會。五花炮攪稍子，步步緊逼，如閃如電迅如雷；打虎撲，精氣神貫注，心狠如同狼吃豬，讓外人不敢靠近。

力量全部來自於根節發力，掌心力從足心印，一指霹靂萬人驚，體現了真正的中華武術精髓。

二、李復禎真傳武玉山

一代心意六合拳宗師李復禎，以其精妙、毒辣之武功著名於世。有一年，由於一得意弟子患急性痢疾不幸身亡，心情很是沉悶，老是歎氣，他的好

友——太谷形意拳大師對他說：「不要太傷心，你從我二十多個徒弟中選幾個吧。」

常有師父從楊師傅眾多弟子中只選了武玉山和朱福貴。武玉山是清朝秀才，有文化，身材高，身子瘦弱。在楊師傅弟子中武功最差，被選中很是驚訝和喜悅，他問常有師父：「您為什麼選我？我是師兄弟中最差的一個，沒力氣。」

常有師父問：「你能舉起二十多斤的米糠嗎？」

武玉山說：「沒問題，五十多斤的米糠也能舉起。」

常有師父說：「那就夠用了。」

常有師父用心訓練武玉山等，從基本功開始，十一項軟功、三體式樁功，定式崩肘捶，定式舔肘掌，腿功，胯功，膀功，原地練功法，低勢法功法，身法螺旋訓練；進退連環捶、雞形四把捶、蛇形四把捶、伏虎捶、演手捶、穿掌刁把、磕胳膊、五花炮、劈五行、挨身炮、九套環、十六把對練、引進落空的接勁訓練等。

經過幾年的訓練，武玉山和朱福貴好像換了個人似的，和朋友們交流試技，總能輕易取勝。朋友們說：「還是常有師父厲害啊！」

三、三晉武術有奇人

二十多年前（20世紀80年代）我在某處練功，當時我也下了工夫，自己感覺練得還可以。一日市政李先生在一旁觀看，似乎感覺我人還不錯，腰腿上也有基礎，就和我說：「後生，你練的這個不實用，花架子多。」

我說：「怎麼不實用，你來試試。」

李先生說：「不用試，你能吃住我一掌就可以了。」

我不信，說：「沒問題，你來吧。」

李先生只在我肩上拍了一下，我就感覺頭暈腦脹，胸悶氣短，很長時間緩不過勁來，看別人也模糊不清，後覺李先生在我前胸後背按摩了幾下，才感覺好些。

李先生對我說：「後生，要在能量上下工夫，不要追求花枝末節，練拳不練功，到老一場空，多下工夫吧！」

李先生之言使我感到，真正的中華武術最實用、最直接。

四、練養結合，龜鹿同春

中華五千年文明史，留給世人數不盡的文化寶藏，武術就是其中一顆璀璨的明珠。在當今科技時代，習武成為大多數人的休閒、健身方式，技擊打鬥已在其次。

筆者有一位武友，年輕時拜一位名師學武，刻苦練功，起早貪黑的苦練十多年後，竟臥床不起，腎臟極度虛弱，奄奄一息。而他的師傅，五十多歲也患肺癌、肝病，過早離世。據師輩們說，心意門有一長者，八十多歲還能連打十幾個旋風腳，能在大水缸上蹦上跳下，氣色從容，可見得訣竅與否，有天壤之別。練武要吃苦，無可厚非，但要看吃什麼樣的苦，每天要用拳頭打樹，以腳踢石，以木棍擊頭，這叫吃苦。而舒筋活血，耗筋熬骨，嘴咬腳尖，劈叉耗筋，獨立守神，這也叫吃苦。我選擇後者，功夫在內不在外，在柔不在硬。要練精氣神，而不是皮毛；要練養結合，不可練而不養，只練不養；也不可以養而不練。如手電筒，平時蓄電，關鍵時照亮，老開就沒電了。

練一套功法，每過一段時間就要自身體會、反省，不可進「功到自然成」的誤區。成功一定有方

法，失敗一定有原因。檢查自己是否比以前精神了？眼睛比以前亮了？手心腳心發熱了？練功正確就會進步迅速，往腎臟裡裝精華。練完切記：全身抓、捏、拍、打，散步，遛腿。

五、長臂猿和金錢豹功法

1. 一條臂向前伸，另一條則可向後伸，如二匹馬拉，膀根催動，耗。

2. 凡事要沉住氣，不可性格外露，用假裝打瞌睡之策略，敵打來，不躲不避，打敵之要害。

3. 隨手「啪」打在豹子面部，要準、狠、毒、透。

4. 要算計敵人下一步逃竄的方向和動作，有驚人的忍耐和精確的計算。

5. 上一晃，下一腳蹬踢撩在敵小腹上，速度快，瞬間穿透。

6. 油捶灌頂打敵百會穴，緊接底下穿心捶。

7. 豹子不露聲色，充滿陰險、狠毒、殘忍；從隱蔽處，迅速準確地向目標發起致命之攻擊。腹部儘量以低姿勢，幾乎貼地，頭與身成一條線，雙眼緊盯對方，幾乎不動身。縮如球形，成反弓狀，突然崩出而擊敵。

8. 排球手，緊咬牙根，緊繃筋骨，不狠也狠。

9. 學豹子膽大，全身如彈簧緊壓，突然放開彈出，下以膝攻敵，以最快的速度及準確性，全身同時發力，產生共振，令敵猝不及防。可從長臂猿與金錢豹的鬥智鬥勇中領悟武學真諦，高功在悟。

六、談實戰對打中的「膽」

武：勇猛、威武、膽豪；術：技術、技巧、手段等。

有武無術或有術無武，都不完美，都不符合辯證法，有武有術才是真正的武林高手。

記得小時候，每天和小朋友們在一磚寬的學校圍牆上追逐嬉戲，爬上跳下，沒有一個小夥伴受大傷。更有甚者，一個因父母離異的小朋友，隨奶奶生活，膽量很大，一個人像猴子一樣輕鬆地爬上幾十米高的煙囪，在大人們呼喊下，才不情願地下來，而且臉不變色心不慌；但有些「武林高手」，家裡是虎，院裡是狼，出門就是隻小綿羊。

當然講武德，是很重要的，但如果是真正的打鬥，哪怕僅僅是學習了武術的一小部分，論其技術、技巧就已足夠支撐，但有的人就甘拜下風，究其原因，那是因為心理素質不行，沒膽！在外面，

239

真打鬥一場，比門內練三年都管用。

　　現代老英雄何廣位，算不得武林高手，而他卻渾身是膽，一生中，擒7隻猛虎，230隻金錢豹，上千隻野狼，抓虎擒狼如同抓小雞一樣。有一次他擒一隻猛虎，當遇到猛虎時，惡虎坐山發威，毛髮直立，呲牙咧嘴，吼聲如雷的向何老發威，而何老則以牙還牙，怒目與虎相視，過了幾分鐘，惡虎敵不過何老先生，欲奪路而逃，何老英雄立即猛撲上去，真是「三拳兩腳」就把老虎打昏，將其制服，擒得一隻活虎，比武二郎可強幾倍？膽略，膽略，膽在前，略在後。沒有膽，一事無成。要學三國常勝將軍趙子龍，渾身是膽，長坂坡前，七進七出，斬殺曹營大將五十餘人，百萬軍中取上將首級，如探囊取物，一觸即發，一發即至。如箭離弦，如炮彈出膛；回手如火燒，相對如嬰兒，見面不能逃。在實戰打鬥接觸時，身體迅速抖動，如猛禽抖翅，野獸抖毛，無絲毫拖泥帶水之意，鬆得越透，打得穿透力越強；有心有意都是假，拳到無形方是真，要開發潛能，得機得勢，把全身的力量集中於一點，猛然甩射出，「拳拳掌掌」中靶心；要精神放大，偉大猶比楚霸王；天下無不可戰勝之人，要練得內氣充盈，百病不生，不打便罷，一打就打準、

打狠，打的對方毫無還手之力，如掉懸崖，如電擊雷劈；亂其目，惑其心，阻其行，亂而取之；出其不意，攻其不備，出奇制勝，這便是實戰打鬥中的精義。膽，在其中為首。

七、談實戰對打中的「謀略」

兵者，詭道也；技擊者，詭道也。中華武術技藝無處不閃爍著古代兵法的智慧光芒。武術是一門藝術，不只是身高馬大，拳猛捶重，講求的是靈、巧、妙，而非笨、力、功。上山學藝，而不是上山學武。山西心意六合拳技擊大師常有師父親傳弟子武玉山經常講：要謀算著打人，要經常謀算與人較技，別人打我打不著，我打別人跑不掉，熟手即絕手，得心應手，如能合道。精通武藝之人比常人多幾個心眼，所謂「鬼附體」。

有一次，外地一高手來太原演武，三體式一站，使許多武林高手，推拉不動，敗下陣來。武玉山聽說此事，肩搭一條毛巾，腳拖著鞋，一搖一擺去找高手，說：「聽說你樁功很好，我來試試。」

高手一看武玉山，仰天大笑說：「老師父，你那麼大歲數，骨瘦如柴，一陣風就能把你吹跑，快到一邊涼快去吧。」

武玉山說：「看風能把誰吹跑。」

說時遲，那時快，他以閃電般的速度，把手中毛巾飛向高手面門，底下一個進身舔掌，將高手若大的身軀，像斷線的風箏飛出一丈多遠，引起觀眾哈哈大笑，高手羞愧地離開了太原。

太原有一高手，無論推手、打鬥、功架都很厲害，就是有兩個愛好，吹牛和泡熱水澡。他和很多人推手，都勝了對方，贏了便諷刺挖苦對方，使許多人都下不了臺。有一武者，敗給了高手，心中不服，就請了兩名社會上的地痞，予以報復。

有一天，高手在澡堂洗澡，池子裡水很燙，就坐在池邊吹開牛了，突然身體有人用力一推，高手就掉進池裡，被池中熱水燙得大叫著爬了出來去追痞子，但人家早已跑了，他光著身子也不敢出去追，只氣的大罵而已。

又有一次，高手在澡堂大談他的推手成功之道，過了嘴癮之後，準備去床上睡一覺，剛一撩門簾，面門上就挨了一拳，打的他眼冒金星，等他反應過來欲追，痞子早已跑出門外，高手因光著身子只能無奈地破口大罵，引的浴客們哄堂大笑。

平時行走坐臥，全身每根「汗毛」都應預防敵人，提高警惕。打倒對手不去扶，不握手而行恭手

禮，與對手保持一定距離，在黑暗處行走要多加小心，出門切記勿飲酒等都是老一輩傳下的精華。

附：實戰打鬥九要訣

1. 與人交手時要沉著冷靜，氣定神閑，有如泰山崩於前，猛虎嘯於後，面不改色，心不慌之氣質。

2. 與人交手時要膽大心細，藐視一切，狹路相逢勇者勝。

3. 與人交手時不招不架，直逼要害，出手即有。

4. 與人交手時不擺架子，打人不露形，露形定不贏。

5. 與人交手以柔克剛，順人之勢，借人之力，因勢利導。

6. 與人交手時要兵不厭詐，誆、騙、引、逼，給對方一點甜頭，引敵入我圈套，出其不意，攻其不備。

7. 與人交手要兵貴神速，以迅雷不及掩耳之勢，令敵防不勝防。

8. 與人交手先示弱，武人要有文相，以麻痹對方，達到贏師誘敵。

9. 與人交手要全身合住，兩手不離心，兩肘不離肋，出身入身緊隨根。兩手不離懷，神仙進不來，沒有空隙，敵不敢攻。切記。

八、真傳與假傳

1. 真傳：是直截了當告你竅門，並幫你上身，如把手槍給你，你比師傅厲害。是真金白銀。

2. 假傳：是告你意思，讓你悟，一「悟」幾十年，如給你把刀，你這輩子打不過師傅。是鈔票。

九、拳訣體悟

1. 一朝悟罷正法眼，信手拈來皆成手。淺解：頓悟。

2. 練對自成金剛體，百疾皆除如童子。**練對，練正確。**

3. 一件對的事情堅持做十年，二十年……對了，堅持。

4. 練拳就是換思想，不是簡單的肉體運動，腦子厲害，拳就能練好。**換思想。**

5. 抓事情的根本，根子上解決問題。**根子勁。**

6. 一覺獨照，萬類俱寂。**少而精。**

7. 一陰一陽之謂拳，其妙處互為其根。**陽陽互**

跟。

8. 擰腰時，襠須扣，不扣則散，腰胯反向。**鎖胯**。

9. 活腰時，襠須鬆，不鬆則滯。**鬆胯**。

10. 塌腰時，襠須合，不合則浮。**合胯**。

11. 發勁時，須扣襠擰腰，鬆弛發勁。**鎖胯扭腰鬆發力**。

12. 劈拳如斧子砍樹，用脊柱劈砍。**脊柱劈**。

13. 腰在手後跟，勁大如雷霆。手臂如長在腰上。**根節催動**。

14. 抬頭看天空之鴿子，數數。練眼力，對高血壓、頸椎病有奇效。**反弓耗**。

15. 胯子摸對方肩，膝擠對方膝，腳踩對方腳趾，訓練靈敏度。**騰出手腳**。

16. 想像自己和一群人打架，我左閃右穿，指東打西，讓他們自相殘殺；我遊刃有餘，見縫插針，似蝴蝶在花叢中上下穿梭。**過電影**。

17. 血勇之人，怒而面赤；氣勇之人，怒而面青；骨勇之人，怒而面白；神勇之人，怒而面不改色、心不慌。**平常心**。

18. 高手打鬥，胯擠胯，臀擊臀。**根節催**。

19. 肘後一尺，天下無敵。**騰出雙手**。

245

20. 胸前頂肘一命亡。**透心涼。**

21. 上步點喉一命亡。**穿透而過。**

22. 腋下頂肘一命亡。**擊穿神經。**

23. 亂劈肘打傻英雄漢。**穿透勁。**

24. 跟身到腋是良方。**風吹牆根。**

25. 打的對方天昏地暗，兩眼發直才對。**亂而取之。**

26. 不著相，無影無蹤的才能打鬥。**陰勁襲人。**

27. 心意六合拳，功夫在腳下，勁是從下翻上，一動就使敵失中、丟根。**地翻天。**

28. 多練腰、胯、腿，少練手；有步法則成，無步法瞎日鬼。**手眼身都要落實到「步法」上。**

29. 腰、胯要分離，反向擰；頭、肩要分離，反向擰。**擰麻花。**

30. 鷹隼之眼，能察秋毫，原因是放鬆，從上向下看，練眼力，可從樓上向下盯看，如掃描器，防治近視。**上向下巡視。**

31. 達摩西來一字無，全憑心意用功夫。**心意細琢磨。**

十、怎樣識別「假師父」

中華武術博大精深，以高深莫測聞名於世，自

然吸引不少夢想少年。由於年輕人涉世不深，和對中華武術的崇拜，易被武林騙子、虛假師父坑騙蒙蔽，待善良青年「覺悟」時已晚，空浪費了金錢和青春年華，有的還落下許多疾患，令人嗟乎不已。

本人據親身體驗，總結了一些識破武林騙子的妙法，供朋友們參考，如能幫武友們少走彎路，則功德無量矣！

1. 德高於一切，從言談舉止、家庭生活等方面，觀察其品質如何？留心細節。

2. 看其武功理論的合理性、科學性，有無鬼怪荒誕之談、神仙半仙之類，是唯物的還是唯心的。

3. 看其背後議論人，口德不好，這個不行，那個是假的，是跟師娘學的。誇耀自己武功蓋世，張口閉口老祖宗如何厲害，而他自己呢？鬼子走了他放槍。

4. 看他是否有糖尿病、高血壓、心臟病，鐵拐李治拐子，自身難治。

5. 酒後觀其德，看他是否誇誇其談，信口雌黃，撒潑打滾，老子天下第一，需弟子們幫扶才能回家。醉酒露原形。

6. 看其是否兩眼緊盯徒弟錢袋，有錢則喜，無錢則怒，騙吃騙喝。

7. 觀察他武功，先看基本功怎樣，能否劈叉？能蹲下否？速度如何？勢法能低否？拳是否有穿透力？可否前進一丈，後退八尺？打拳是輕鬆愉快，還是咬牙瞪眼？

8. 試探他功夫，自己可試，也可請一五大三粗之「炸油條」大師傅，挖苦挑逗他，看其反應如何？是否只能打比其身小力微之「少年兒童」。

9. 學練後，如果胸悶氣短，胸有如針紮，膝部疼痛，撅屁股，身子爬了，駝背了，眼睛糊了，根子軟了，說明你練錯了，急需剎車，另謀出路。

10. 看其定力怎樣。得「道」高人，都心態平和，不與人計較雞毛蒜皮之小事，大事不糊塗。不會一觸即跳，跳著腳罵人，只是「口技」高超。

武術界騙子太多了，急需打假。害人不淺，誤人不斷，一害一誤幾十年。以上雖有些偏頗，但句句是肺腑之言。

十一、槍法與拳法

常有心意六合拳師祖李復禎，槍不離身，對槍法有獨到之處。槍法即拳法，每日紮大杆子300下。

1.劈槍與劈拳

不攔不架，闖然而入，迎機直上，方是正路。對方槍紮來，不攔不架，用槍中段迎面而上，向裡一扣而下，前把必扣；劈拳下面步法吃人，上面肘劈扣而下，是脊柱下劈紮。

2.崩槍與崩肘捶

槍之起落非上則下，往返不空，低崩高打，遍體皆槍，渾身爪牙；用槍前端橫勁將敵紮來之槍崩出。崩肘捶不是平的，是斜上45度或斜下45度，一打三下。崩肘捶有橫意，如轉環槍。

3.挑槍與鑽拳

在他杆下，騰空而起，挑不離槍，撩則崩炸，挑則隨之，撩則離開，一剛一柔，應發時來，從下用槍尖挑其前把，連人帶槍挑上房。鑽拳從下向上挑鑽穿透，是身子鑽。

4.砸槍與顛捶

前把著力，脫肩下沉，直落為砸，砸敵槍桿。顛捶是肘尖下直砸，砸穿敵足底，砸塌。不管不顧，劈頭蓋臉，將敵打懵，忘了接觸點。

5.驚戰槍與原地發力

夢裡心驚，無意燃火，不見有人，哪知有我，養成浩然之氣，靈通之體，觸著即發，進入無我

之境，感而遂發，寂然不動，感而遂通。原地發力，一起即落，迅雷不及掩耳，腰脊下紮，鬆垂勾尾閭，鬆弛發力，保持身體中正。槍法能日紮300槍，心能忘手，手能忘槍，則著著「殺人」，變化莫測，神化無窮。

十二、上乘打法字在「驚」

遇到敵手，先打他的神，要讓敵剎那間如墜入雲裡霧裡，魂飛膽散；勁發冷脆，快要做到疾如風，快似電，敵定驚無疑，驚之必提氣拔根，並本能地產生掙脫力；鬆膀虛腋，鬆腰開胯，尾閭下垂，收肘不貼肋，周身上下內外均保持良好之蓄勁和彈性，彈性愈強，內勁越大。

黃鼠狼能叼著四五斤重的老母雞騰空上牆，並非黃鼠狼力大，在很大程度上是老母雞自己驚嚇所為，黃鼠狼咬住老母雞飛起，黃鼠狼翻腰把老母雞越過牆，當然，黃鼠狼的彈跳力很好。擅擊者借力打力。

十三、武友交流

練武如同騎自行車，兩手不可用力，只是掌握方向，兩腳分虛實，全實蹬不動，全虛不前進；抖

絕、爆炸力，只是擠住對方才用一下。

必須將全身練鬆、軟、綿，不可用僵力。將全身關節練開練靈活，多練腰、胯、肘、膝，即根節和中節，開發潛能，強壯筋骨，返歸自然，學得嬰兒玩，打法天下是真形；擠進抹出，打人如親嘴，放膽即成功，鑽進去打，對方一起腿，我即跟身到腋，上鑽下崩，貼身靠打，三節打人，全是抖絕勁，快打猛攻，亂而取之，前手進，後手緊追，前腳進，後腳緊追，肘膝齊到方為真。

兩手不離心，兩肘不離肋，出洞入洞緊隨跟。身法中正永無凶。對方要什麼給什麼，「不可小氣」，順人之勢，借人之力，步步前進，天下無敵，精神要放大，將老虎當貓打，膽要大，心要細，心眼要多，多算計；必須吃苦，每天給自己上「老虎凳」（耗軟功），把全身力量集中到一點，猛然甩射出，拳拳掌掌中靶心，打的對方如掉懸崖，如履薄冰，如電擊雷劈，方為成功，對否？請指正。

十四、尾閭功與書法

草書成就最高的當屬唐代大書法家張旭，他的書法是看公孫大娘舞劍中悟出的；詩聖杜甫曰：昔

者吳人張旭，善草書貼，數賞于鄴縣公孫大娘舞劍器，自此，草書大有長進，豪蕩感激。

「昔有佳人公孫氏，一舞劍器動四方，觀者如山色沮喪，天地為之久低昂，來如雷霆收震怒，罷如江海凝青光」。

東晉大書法家王獻之有一次和朋友聚會，表演寫字，他的父親天下第一行書王羲之輕輕地從背後過來，猛地抓王獻之的筆桿，竟然沒有抓動，王羲之高興地對別人說：這個兒子掌握了書道的秘密。書法的握筆，指頭在筆桿上使勁反而使不出力量來，手心要像虛握著一個雞蛋，下筆時催動虛運出來的這個雞蛋，虛生出實，字方能力透紙背，如有神助。武術亦然！

並不是說王獻之寫字死抓筆桿，他的幾根手指是抵不住王羲之奮力一拔的，而是說王獻之手心虛運出一個形，這個形有了實感，得了中氣，手中的筆有如定海神針，別人就拉扯不動了。

剛練習書法，握筆之力在手指，再次如「肘」握筆，「膀」握筆，脊柱握筆，尾閭握筆，身子中正，三田合一（百會、丹田、會陰一線鬆紮），則筆就如龍如蛇，空靈自然，寫出的字、畫出的畫的效果就大不一樣了，空靈飄逸，活靈活現。

附　錄

山西常有心意六合拳傳承表

李復禎（1855～1930）

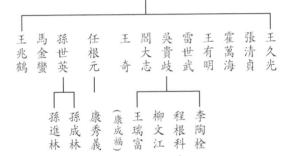

第一代（李復禎傳）：
劉德宏、張海、武立銳、武德勝、姚振基、段肇奎、車耀義、劉永發、喬錦章、張近賢、白照亮、朱福貴、武玉山、閻廷勝、程裕有、石全山、米增祥、邱鳳鳴、邱鳳歧、武承烈、喬錦堂、陳際德

第二代：
王久光、張清貞、王有明、霍萬海、雷世武、吳貴歧、閻大志、王奇、任根元、孫世英、馬金鑾、王兆鶴

第三代：
李陶栓、程根科、柳文江、王瑞富（康成福）、康秀義、孫成林、孫進林

第四代（程根科傳）：
趙健翔、董和平、劉偉海、閻瑞科、賈樹東、連明德、王喜亮、韓軍明、崔立、李懷體、孔永林、郝德忠、韓玉光、李凱泰、劉應成、李夢文、權應成、張玉琪、劉應寬、郝計生、牛清泉、王實玉、晉崇貴、張明忠、馬全進、齊生茂、李束修、尹拉栓、李克勤

第五代：
王四新、李利浩、朱鵬、白亮、馬夢杰、權冠華、趙高嶺、張晉瑋、賀立新

此傳承表只是我師程根科這一系的，別的不清楚，請見諒。

253

跋

　　常有心意六合拳，是山西心（形）意拳一大重要流派，師祖和先輩給後代留下了許多精妙的武文化遺產，急需我們繼承、挖掘、開發，並使之發揚光大，造福社會。

　　本人計畫陸續整理「常有心意六合拳練功秘法」、單練套路「蛇形四把捶」「燕形四把捶」「伏虎捶」「六合肘法」「鐵膀周侗之六合膀法」等，對練「五花炮」「挨身炮」「連環手」「毒六捶」「龍形八掌」「十六把」，內功「陽陽八寶內功8節」「床上八段錦」，槍法「金雞十三紮槍」，劍法「六合劍」，刀法「二趟刀」「繡像（拳經）精解」等。

　　在此書出版過程中，得到了王占偉老師的大力提攜和指導，由山西著名武術家、書法家范國昌老師題寫書名，我師兄張明忠給予大力支持和指正並寫序言，我同學、好友吳冬慧老師拍照，山西元達凱泰物資貿易有限公司李凱泰總經理提供支援，師弟王明亮先生協助拍攝，還有一些朋友們的關心、鼓勵、愛護，在此一併感恩致謝！

　　由於本人水準有限，和對一些事情的理解、領

會不深，缺點、不足在所難免，還請方家、高手不吝指正，為盼。

國家圖書館出版品預行編目資料

李復禎心意六合拳／權　成　著
——初版——臺北市，大展，2016〔民105.9〕
面；21公分——（形意心意系列；6）
ISBN 978-986-346-128-9（平裝附影音數位光碟）
1.拳術 2.中國
528.97　　　　　　　　　　　　　105011940

李復禎心意六合拳 附DVD

著　　　者／權　成
責任編輯／王躍平
發 行 人／蔡　森　明
出 版 者／大展出版社有限公司
社　　　址／台北市北投區（石牌）致遠一路2段12巷1號
電　　　話／(02) 28236031・28236033・28233123
傳　　　真／(02) 28272069
郵政劃撥／01669551
網　　　址／www.dah-jaan.com.tw
E-mail／service@dah-jaan.com.tw
登 記 證／局版臺業字第2171號
承 印 者／傳興印刷有限公司
裝　　　訂／眾友企業公司
排 版 者／千兵企業有限公司
授 權 者／山西科學技術出版社
初版1刷／2016年（民105年）9月

定　價／350元

大展好書　好書大展
品嘗好書　冠群可期